周蓓 主編
專題史叢書

陶希聖 著

河南人民出版社

中國民族戰史

分別敘述了自秦漢至清代的中國古代民族戰爭，以及近代帝國主義侵略中國的戰爭，并從中總結出民族戰爭的教訓，也分析了這些民族戰爭的原因、經過及其當時的情形

圖書在版編目(CIP)數據

中國民族戰史 / 陶希聖著. —鄭州 : 河南人民出版社, 2016.4(2017.7重印)
(專題史叢書 / 周蓓主編)
ISBN 978-7-215-10076-3

Ⅰ. ①中… Ⅱ. ①陶… Ⅲ. ①反侵略戰爭-戰争史-中國 Ⅳ. ①K24

中國版本圖書館CIP數據核字(2016)第079599號

河南人民出版社出版發行
(地址：鄭州市經五路66號 郵政編碼：450002 電話：65788063)
新華書店經銷 河南新華印刷集團有限公司印刷
開本 710毫米×1000毫米 1/16 印張 11
字數 160千字
2016年4月第1版 2017年7月第4次印刷

定價 : 70.00圓

出版前言

中國現代學術體系是在晚清西學東漸的大潮中逐步形成的。至民國初建，中央政治權威進一步分散和削弱，加之新文化運動帶給國人思想上的空前解放，新學的啓蒙，新知識分子的產生，民國學術如草長鶯飛，進入一個自由而蓬勃的時代。中國傳統學科乃中國學術之根基與菁華所在，民國學人采用『取今復古，別立新宗』之方法，引入西方的學術觀念，積極改造，使史學、文學等學科向現代學術方向轉型。此外，大力推介西方社會科學的新學科和自然科學，在學習、借鑒乃至移植西方現代學術話語和研究範式的過程中，逐漸建立中國現代學科，使中國的學科門類迅速擴展。一時間，新舊更迭，中西交流，百花齊放，萬壑争流，開創了中國現代學術的源頭。

伴隨知識轉型和研究範式轉換而來的，還有學術著作撰寫方式的創新。中國古代的著作向來以單篇流傳，經後人整理匯編後，方以成册成集的面目出現并持續傳播。直到十九世紀末，東西方的歷史編撰體裁不外乎多卷本的編年體，紀傳體和紀事本末體等，章節體的出現標志着近代西方學術規範的產生和新史學的興起。章節體具有依時間順序，按章節編排；因事立題，分篇綜論；既分門別類，又綜合通貫的特點。以章、節搭建起論述之框架，結構分明，邏輯清晰，較傳統的撰寫體裁容量大、系統性强。它的傳入，使中國現代學術體系從内容到形式被納入了全球化的軌道。民國時期專題史的研究、譯介、編纂、出版恰恰是在這樣的背景下欣欣而發，是學術的實驗場，也是歷史的記録儀。編選『民國專題史』叢書的初衷正是爲了從一個側面展示中國學術從傳統向現代過渡的歷史進程。

專題史是對一個學科歷史的總結，是學科入門的必備和學科研究的基礎，也是對一個時代艱深新鋭問題的解答，是學術研究的高點。民國專題史著作中，既包含通論某一學科全部或一時代（區域、國別）的變化過程的，又囊括對一時代或一問題作特殊研究的，還有少部分是對某一專題的史料進行收集的。原創與翻譯并重，翻譯的底本大多選擇該學科的代表著作或歐美大學普及教本，兼顧權威性和流行性，其中日本學者的論著占據了相當比重。日本與中國同屬東亞儒家文化圈，他們在接納西方學術思想和研究模式時，已作了某種消化與調適，從思維轉換的角度看，更便于中國借鑒和利用，他們的著作因而被時人廣泛引進。

與當代學術研究日趨專業化、專門化、專家化的『窄化』道路迥乎不同的是，中國傳統學術崇尚『學問主通不主專，貴通人不尚專家』的通識型治學門徑，處于過渡轉型期的民國學術在不同程度上保留了這種特徵。民國學術大師諸學科貫通一脉、上千年縱横捭闔之功力自不待冗言，外交家著倫理政治史、文學家著哲學史、化學家著戰争史等亦不乏其人，民國專題史研究呈現出開放、融通、跨界撰述的特點。與此同時必須看到，自晚清以來，中國的命運就在外侮屢犯、内亂頻仍的窘境中跌宕彷徨，民族存亡彷若命懸一綫。這股以創建學科、總結經驗、解决問題爲指歸的專題史出版風潮背後，包裹着民國學人企望以西學爲工具拯民族于衰微的探索精神，及以學術救亡的愛國之心。梁任公曾言：『史學者，學問之最博大而最切要者也，國民之明鏡也，愛國心之源泉也。』這種位卑未敢忘憂國的歷史使命感和國民意識是令人無法漠視和遺忘的。

『民國專題史』叢書收録的範圍包括現代各個學科，不僅限于人文社會科學，學科分類以《民國總書目》的分科爲標準，計有哲學、宗教、社會、政治、法律、軍事、經濟、文化、藝術、教育、語言文字、中國文學、外國文學、中國歷史、西方史、自然科學、醫學、工業、交通共19個學科門類。本叢書分輯整理出版，内不分科，單本發行，方便讀者按需索驥。既可作爲大專院校圖書館、學術研究機構館藏之必備資源，也可滿足個人研讀或興趣之收藏。

與目前市場已有的一些專題史叢書相比，『民國專題史』叢書具有規模大、學科全、選本精、原版影印的特點。本叢書選目首重作者的首創、權威和著作影響力，尤其注重選本的稀見性。所謂稀見，即建國後没有再版，且多數圖書館没有收藏，或即便有收藏，也是歸于非公開的珍本之列予以保存，普通讀者難以借閱。部分圖書雖有電子版，但作爲學術研究的經典原著讀本，紙質版本更利于記憶和研究之用。本叢書精揀版本最早、品相最佳的原版圖書作爲底本，因而還具有很高的版本收藏價值。

『民國專題史』的著作是民國學者對于那個時代諸問題之探究，往往有獨到之處，無論其資料、觀點短長得失如何，要之在中國現代學術史的構建與發展進程中，自有其開宗立論之地位。

序

中學歷史教本，和大學歷史研究，有那些是含有教訓的？我們把這些書本翻開一看，不過是些地名人名的結合，有什麼指導青年的原則原理？在抗戰時期，這些書本有什麼可以幫助青年理解戰爭的社會的意義呢？我們因此想建立一個新系統，來寫一部有教訓有意義的書。執業者何茲全，武仙卿，沈巨塵，鞠清遠諸位先生。指導及修改者陶希聖。

民國二十七年六月十七日

陶希聖在武昌

編輯例言

一　本教程之編纂，端在統一各軍事學校政治教材；提高各員生政治智識；澄清龐雜理論；堅定其革命信念；以期適應戰時軍事學校政治教育之需要。

一　本教程係根據本部新頒軍事學校政治訓練大綱之規定編纂。依其性質，分爲必修教程及補充教程，各校可照實際需要，選擇採用。

一　本教程之內容，多係針對目前抗戰情勢，並力求適合速成教育之要求。惟有若干基本學科，如經濟學概論，法學通論，東亞史地等，爲各校必修教程，戰時仍須講授者，故亦彙編在內。

一　本教程之編撰，係徵請部外及指定部內各學術專家與負實際指導責任者共同担任；其中亦有數種爲各校原編教本，經部改訂採用者。

一　本教程係全國各軍事學校統一教材，爲謀各校便利起見，由部訂有備價呈領辦法，各校可依照該辦法，呈領應用。

一　本教程除供各軍事學校應用外，其他軍事政治幹部訓練團，學生軍訓隊及戰時各種軍事訓練機關，均可採用。

一　本教程立論力求正確，內容務求切合實際，以簡潔之文字，作扼要之敘述，期能適合戰時教學之用。惟因初版趕印，時間匆促，難免無舛誤之處。讀者如有所見，希通知本部第一廳第二處第二科，以便再版時更訂。

中國民族戰史目錄

序
第一章　中國的地勢與中華民族的發展……一
一、中國的位置及地勢……一
二、中國的人口分佈……一〇
三、中國的產業及交通……一二
四、中華民族的歷史發展……一七
第二章　五胡華亂……二一
一、秦漢的都市與農區分配大勢……二一
二、五胡的侵入及暴動……二八
三、五胡東晉南北朝的峙對……三八

第三章 契丹女眞的侵入……四二
一、隋唐統一的形勢……四三
二、隋唐的對外武功及五代時期南方北方的社會狀況……四八
三、五代及北宋時期的契丹……五三
四、女眞族的侵入與南宋的建國……五七
第四章 蒙古的侵入……六六
一、中原義軍的興起與金宋對立的形勢……六六
二、金之滅亡與蒙古滅宋……七三
三、元朝的統治與民族革命運動的爆發……八〇
第五章 滿清的入關……八四
一、明末的政治邊防與農民暴動……八四
二、滿清的入關……九三

三、滿清的功業與統治……一〇六
四、民族反抗與祕密結社……一一五
第六章　帝國主義的侵略……一二八
一、中外的交通……一二八
二、鴉片戰爭與開關……一三一
三、中日戰爭與瓜分……一三八
四、歐戰後的遠東均勢與日本的獨佔侵略……一四六
第七章　民族戰爭的歷史教訓……一五〇

中國民族戰史

陶希聖著

第一章 中國的地勢與中華民族的發展

一、中國的位置及地勢

中華民族所居住的中華國土在亞洲的東南部，東面太平洋，海岸線長一萬一千零十三公里，陸界長九千三百二十公里。周圍的隣國是世界巨強的英美法蘇日。鴨綠江，圖門江是中韓的境界線，自朝鮮亡於日本，中日直接爲隣。自吉林圖門江土字界牌起，沿北部至新疆葱領中烏孜別里山口止，接隣的是蘇聯。西自西藏英領印度（阿富汗）接境點起，東至雲南車里縣止，接隣的是英國。自車里東境起，至廣東防城北崙河口接隣的是法國。東沙島以南又與美領菲列賓相望。在這些相隣的國家中，中蘇相連的境界達五五九二公里，其次是英，再次爲法日。蘇日是我們東北方的隣國，近年來的邊患亦在東北方，對手是日俄二強。中日戰爭是互爭朝鮮及東北三省，日俄戰爭也是互爭朝鮮及東北三省。在海疆上說，中國有一萬多公里的海岸線，濱臨汪洋大海，出海就是太平洋。以水面來說：遼東半島和山東半島擁抱的是渤海，遼寧到長江口是黃海，長江口南迄台灣是東海，台灣以南是南海。從海疆上看隣國，黃海東海與日本強佔去的朝鮮，台灣，琉球羣島相對，南海則和法領安南美領菲列賓的領海相連。海疆，屏藩，自日本佔去旅順大連，英租去九龍，法租去廣州灣，重要門戶概行失去，中國門戶大開了，海疆上亦從此多事。中國在地理上受列強的環圍如不能利用人力，開發物力，振興工商業，達到自力更生之境地，定外遭人之覬覦與外力之侵略。

中國全面積一千一百十七萬三千五百五十八方公里，世界上七十多個國家中比中國領土面積較大的國家只有一個蘇聯。英美各國加上其佔有的屬地才比中國的面積稍大。以中國一國的面積和整個歐洲相比，還大過歐洲一百零九萬方公里，較之日本的面積，日本連屬地在內只當中國面的積百分之六。這樣遼闊的面積，由地勢區分可分成五大類；一是平原適於農業，是經濟文化的中心；二是盆地也適於農耕；三是邱陵地也是生產地域；四是高原，地勢高平，雨量較少，在西北形成良好的畜牧區；五是山地，不適農耕，但有水力可用，有礦可採，有茂盛的森林。這五種地勢所佔的面積和百分比據翁文灝氏的統計如下：

種類	方公里	佔全國總面積百分比
平原	九八四・一六二	16%
盆地	一・五五三・九四〇	16%
邱陵地	八八〇・五六八	9%
高原	三・六二五・八六〇	34%
山地	三・一〇七・八八〇	30%

平原是最富於生產性的土地，雖然只佔總面積百分之十，還大於日本本國全面積二倍半，較比利時大三十二倍。平原中最大的是松遼平原，面積得三十一萬七千

二百五十方公里，是大小興安嶺和長白山中間的地塹帶，爲松花江遼河兩大河流冲積而成。土地極肥沃，是東北大豆·高粱·小米·小麥的生產地帶。其次是華北平原，西由太行山北沿燕山，東至渤海，南至黃河間的大平原，共三十一萬四千五百九十六公里，是黃河冲積地，是小麥、大豆、小米、高粱、玉米、花生、棉花的主要產地。由此往南是江淮平原，嵩山以東，南和長江三角洲相連，是淮河流域的大平原，長江流域的平原，由河口的三角洲起，往上是蕪巢平原，鄱陽平原，洞庭平原。江淮平原共二十六萬二千七百三十五方公里。這區域內湖汊紛歧，水利爲全國冠，是中國的經濟文化中心地，盛產米麥、棉、蠶、桑等物。往東南便是粤江平原，是東西北三江所成的三角洲，共一萬二千九百四十九方公里。米可一年三熟，蠶可孵化八次，爲中國著名的產米產絲地帶。此外西北有後套平原共四萬九千二百零六方公里，爲黃河的大灣曲所成，所謂河套就是這個地方。西北的寧夏平原共七千七百六十九方公里。惟因氣候乾燥，雨量不足，須大與水利始能得到地利。河套一帶自淸末開永濟等八幹渠漑田四百餘萬畝，一時人民咸集，村落相望。後渠塞，人民多逃亡。近在包頭歸綏一帶開有民生渠。五原到包頭一帶是良好的農牧陽。後套盛產豆麥高梁。中國盆地，大多偏在西方，離海較遠，氣候不若平原的良好適宜，生產量也比平原爲小。新疆的塔里木，準噶爾兩盆地，氣候雖然乾燥，因有天山的雪水，可以利用灌漑，及科布多烏梁海兩盆地都可種植麥類。青海的柴達木盆地，因地勢太高，無水灌漑，生產力不大。生產力較大的盆地有四川盆地，渭河盆地，漢中盆地。四川盆地，位在長江上游，有嘉陵，陀江岷江和長江灌流其間，全面積十六萬三千二百五十二方公里。其中一萬四百九十九方公里是成都盆地，灌漑工程異常完備，生產力特別强大。雖然偏在西方，因氣候溫和，雨量豐富，和長江中下流的平原差不多，盛產米、絲、鹽、茶，「天府之國」的四川就指的這塊土地。其次是渭河盆地、在秦嶺以北，是渭河本支流冲積所成，面積七千七百六十九方公里，以氣候乾燥常有旱災，引涇漑田，始能有豐富的生產，自秦漢以來即在此地開鑿溝渠甚多，現在的涇惠渠，可溉田數十萬畝，是我國小麥的主要產地。三是漢中盆地，在秦嶺巴山之間，以南鄭為中心，是夏米冬麥的產地。此外北方的白河流域，也是山地圍繞的盆地，是中國繭綢及雜糧主要產地。平原盆地以外的邱陵地在全國總面積中所佔的百分比甚小。華南邱陵地在長江流域內的南嶺山地，東至武夷、懷玉、天目、黃山、南至越城等五嶺和九連山脈，沿海有東南海岸邱陵地，粵江流域邱陵地。東南海岸邱陵地背有武夷，懷玉山，中有會稽。天台，雁蕩等山，河川縱橫。海岸的河口附近有狹小的海岸平野，濱海沿岸升降奇突，多成良好的島嶼港灣。在這一地帶前臨大海，缺少平原，陸上資源比較缺乏，居民多捕魚為生或、僑居海外經營商業，出國的華僑就以浙閩粵省人為多。粵江流域邱陵地自西江百色以下至粵江三角洲、西有十萬大山、北有五嶺等山。高原地域中最重要的是蒙古高原，黃土高原，西藏高原和雲貴高原。西自中俄接境起，東至大興安嶺北，起俄境，南至賀蘭陰山，直抵北平平原是蒙古高原，由西北而東南漸遠漸低，全地成波狀起伏，高度在一千公尺內外，最低處是戈壁瀚海沙漠地。西北部羣山環繞中有唐努烏梁海，科布多盆地及許多無口湖泊。黃土高原是甘肅大部，山西全部及渭河以北黃土所構成的地帶。黃土厚至一二千公尺，水流經過，侵蝕力極大，黃河及沽河上流都是流經此地區的河流。西藏高原在崑崙山喜馬拉雅山之間，此地帶的平均高度在四千五百七十餘公尺左右，崑崙山以北湖沼分佈極多，此地帶的南部是雅魯藏布江印度河上流的流灌區域，是西藏的經濟文化中心地。雲貴高原是雲南的東部和貴州全部地域，西部高至二千公尺，東部千公尺左右，是四川和兩廣的主要分水地帶，北斜面的河川多流入長江，故經濟上和長江一帶發生關係，南斜面的水多歸入西江流域，或注入元江。元江的下流卽是注入東京灣的富良江，所以南斜面各地，經濟上多和兩廣暨法屬安南發生密切關係。在高原區內，藏南有山水相間的縱谷地帶，康滇有大金沙江，瀾滄江等大雪山雲嶺怒山相間，形成康滇縱谷地帶。中國的山地區多在西北一帶。著名的東北山地，在現在爲暴日强佔的東北四省境內，大致可分興安嶺山麓地區，黑龍江山區地，長白山地區，遼東半島山地，富於森林礦產，爲中國的寶藏所在地。關內有山東半島山地區，本和遼東半島山地區相連，自渤海陷落，兩個地段才分離了，西部的泰山高千五百四十五公尺，是這段地域內地最高峯。西北山地，由世界屋頂的帕米爾高原至秦嶺，境內有天山，博格多山，崐崙山等。

中國的河流最著名最長大的，是黃河，長江，粤江。北方和南方的各河流多分別注入此三大河。東北的黑龍江流入鄂霍次克海，圖門江流入日本海。西南的印度分河流入阿拉伯海。西北天山一帶多內陸河流如塔里木河，伊犂河，疏勒河等是。至於黃河是中華民族的發祥地。沿河流域農業發達，到現在中國人口三分之二以上居住黃河流域。

長江是中國最長的河流，在世界佔第四位，長五一四九公里，源出青海，西康，滇，川，黔，鄂，湘，贛，皖，蘇，等省河川，東流入海。宜賓以上可行民船，宜賓到宜昌有三峽之險，航行困難，宜昌到漢口可行千噸汽船，漢口以下，平可時行二千噸輪船，夏秋水漲，可行萬噸大船。長江東去，携帶泥沙甚多，平均一年可造成高三公尺，面積一〇四方公里的沙洲，每二十年海岸可向外伸展六一〇公尺，肥沃的長江三角洲就是這樣積成的。

黃河長四〇二二公里，是中國第二大川，佔世界第九位，發源於青海，流經隴，夏，綏，陝，晉，豫，冀，魯，等省。蘭州以上，水流甚急，航行不易，從蘭州到河津繞鄂爾多斯高原而成河套。包頭到河口可行小輪，河口到潼關傾斜度極大，水行黃土高原，冲刷開析，兩岸岩壁聳峙，險灘特多，航行不易。至壺口，水流奔向二百公尺的低處下降，水烟濛濛，奔流激盪，舟行已不可能。下有龍門傳爲大禹所鑿，長十六公里寬一百三十[illegible]公尺，兩壁有高約二百四十四公尺的懸崖。中游河津到鄭縣，西北的棉毛多經汾水渭水入黃河而至中原。鄭縣以下可以行舟，爲中原運輸農產品的交通要道。河口較狹，寬不過一千二百公尺，河大口小，雨水泛濫時，不易暢通。更加黃河行經黃土高原，裹流泥沙甚多，因之河床高起，易於潰決，自古以來的「黃河千害」就是因此致成。攜帶泥沙的好處，就是造成了華北的大平原。

粵江是華南的第一大川，滙滇，黔，湘，贛，桂，粵諸水入海，交通的便利不如長江而却勝過黃河。蒼梧以上可通小輪，蒼梧以下平常吃水三公尺以下的輪船可以來往。粵江流域各地雖係丘陵地，比較低平，可以耕種，東南部所成的三角洲，居民稠密，佔廣東全省人口過半數以上，是華南的經濟文化中心。

二、中國的人口分佈

偌大領土的中國人口總數，從來沒有一個確切統計，道光十五年（西歷一八三五年）統計全國人口四萬萬一百七十六萬七千零五十三人，民國元年（一九一一年）計四萬萬四百七十三萬六千一百九十一人，民國十七年（一九二八年）內政部調查估計共四萬萬七千四百七十八萬七千三百八十六人，實際上人口總數，恐怕還不止此。中國一國的人口佔亞洲總人口百分之四三，佔世界總人口百分之二三・五，比歐洲總人口少三千五百餘萬。即以領土遍全球的英國，土地面積幾大過中國一倍的蘇聯說，英帝國的總人口較中國差數千萬人，蘇聯人口不過中國人口五分之二。我們的東鄰日本連所有的屬地人口在內尙不足一萬萬。中國雖有這樣多的人口，分佈極不勻稱，大概說來，東南區的江，浙，閩，粵人口密度較高，平均每方公里達一四九人，西北區察，綏，蒙古，甘肅等省的人口密度較低，每方公里三人，中原冀魯豫幾省達一三三人，西南雲，貴，川，桂一帶達九三人，青海，康藏人口也不過三人。全國人口密度最高的是江蘇南部，平均每方公里合四四二人，人口最少的是蒙古的呼倫貝爾一帶，每方公里僅得〇·三人。中原的人口如魯西·豫東，皖北，淮河，膠濟路一帶，每方公里四百人以上，是人口飽和的地帶，平時謀生已感困難，遇有災荒水旱，人口卽大量外移。西北的察綏，東北三省是中原人口的移植區，更遠的到俄屬西比利亞一帶。自東北四省爲倭寇侵佔，多餘的關內人口無地容納，生活日益困難了。長江三角洲一帶，包括南京以東的江蘇南部，杭州灣以北的浙江北部，太湖以東，人口極密，因水利發達，工商業繁盛，農村人口尙沒有過剩現象，故外移者甚少。浙閩沿海一帶，因平原較小，人口又密，多遠航海外，經營商業。粵江三角洲的人口雖多，工商業發達，更因通海便利，人口多到南洋一帶經營商業。西南的四川盆地，每方公里人口平均達一七五人，成都附近每方公里達四四四人，因水利發達生產力甚大，人口雖多，生活尚無甚困難，出外謀生者因之較少。所謂「水旱從人不知饑饉，沃野千里，世號陸海」的四川，不多見人民的逃亡。長江中游的平原，以武漢區內的人口較密，也因爲武漢的工商業發達可以吸取大量的農村人口，移居武漢謀生。

三、中國的產業及交通

中國的土地雖廣大，人口雖衆多，生產並不豐富。卽以農業而論，號稱以農立國的中國，不僅生產技術落後，耕地面積亦甚狹小。中國適於農業的平原，盆地，在總面積中說本不算大，合起來只有百分之二六，耕地面積只當總面積百分之一〇、三，較之歐美各國相差甚多。丹麥耕地面積佔總面積百分之六一、一，波蘭百分之四八、二八，印度百分之四八，英國百分之二三、四，美國百分之一八、一。在耕地中麥的種植區較大，佔百分之二二，米佔百分之一八。大概區分起來，黃河流域產麥，長江流域及長江以南產米。據民國二十一年（一九三二年）專家估計，中國米產額爲五一三、五六九、〇〇〇公石，佔世界總產量百分之三六、六，居第一位，大麥七五、四一三、三三五公石，佔百分之一四、八，居第一位，小麥二四八、六二五、〇〇〇公石，佔百分之二六，居第一位。玉米八六，九二八、〇〇〇公石，佔百分之七、八，居第二位，僅次於美國。至於華南華中的絲茶，長江以北的花生，大豆，長江流域的油菜子，各地的大蔴，菸葉，棉花。絲茶又是出口的主要產品，多年來在世界市場中，佔第一二位。自絲的市場爲日本所奪，茶奪於印度錫蘭，中國在國際市場上惟一的生產品也不能維持原有的地位了。近年來大豆又成爲主要輸出品，自東北四省爲日本强佔，大豆又非我們所有。沿海則有豐富的廣大漁場。東北多針葉樹森林，南嶺多闊葉樹森林，都是世界有名的木料產地。西北多肥美的草地，宜於畜牧，牛羊的產量甚大，總計西北及東北各省，年產牛羊在四千萬頭以上，內羊佔百分之六二，牛百分之一九，馬百分之一七，餘爲駱駝等雜畜。皮毛大部輸入英國，牛羊多輸入俄國及內地各省。

天然產品，如煤，鉄，石油，鹽，中國蘊藏量甚富，可是產額不大。煤的儲量據佔計約二三六・二八七，〇〇〇・〇〇〇噸。大部分在山西，陝西，除美國，加拿大，西比利亞以外，沒有比中國儲煤再多的國家。川陝甘新是中國的油田地帶，遼甯的撫順，熱河的凌原，廣東的電白茂明，又富油頁岩。油的總儲量三・二七四・〇〇〇・〇〇〇桶，佔世界第七位。鉄的儲量一・〇〇〇・一九四・二九二噸，佔世界第九位，大部份在遼甯。遼甯一省鉄的儲量佔全國百分之六八。日本鐵的儲量不及中國百分之一。現在已經開採的鐵礦，有遼寧的鞍山，本溪，是日本的資本，湖北大冶也有日本的資本關係。開掘出的鐵大部份輸入日本，一九三四年輸入日本的有八十五萬五千噸，在鐵的總產量中，東北的生產佔有分之七十以上。已開採的著名煤礦，有撫順年產七百萬噸，是日本的資本，開灤，年產五百萬噸是英國的資本。其他已開採的煤礦有萍鄉，臨城，井陘，六河溝平定等處。鹽的產地更廣，沿海一帶產鹽，新疆的天山至庫車一帶及四川山西南部都產鹽。金屬礦物，金沙江黑龍江一帶產金，四川雲南產銅。江西的錫礦是軍需工業的重要原料，產量佔世界百分之七〇。東北的銅錳產量亦甚大。

此外的新興工業，大部份係外人在我國通商口岸舉辦，只以棉紡織業而論，據民國二十二年的統計，外人經營的紗佔百分之四二·八，線佔六六·八，布機佔五〇·二，紗綻佔二八·六，出布佔百分之五〇·二，廠數佔百分之三三·一。即國人經營的新工業，所用原料亦多由國外輸入，如棉紗大半由國外輸入，內地棉花則往國外輸出。其他一些交通用具的原料，機器用具更是靠着輸入。以中國這樣大的國家，這樣多的人口，不能利用自已的人力，開發物力，即令有些新工業，都集中在幾個通商口岸，造成經濟的畸形發展狀態，全國的經濟因之不能形成緊密的聯繁。

中國的交通也不很進步。自清末以來到現在，建築鐵路不過二萬多里，在東北三省的有半數以上，現在皆為暴日强佔以去。所有鐵路，在中部東都尙有南北的幹路，橫貫東西的幹路只有一條。已成鐵路建築的方向都是由外向內，由海口向內地輻射。這是因爲鐵路建築的初期，皆在列強經濟利道支配之下，鐵路是他們的商工業發展的基幹，建設鐵路不僅可由鐵路本身得到利潤，並可獲得鐵路沿線的資源。他們的政治勢力可以由着鐵路伸入內地。所以在中國開始建築鐵路時列強爭相投資，如北甯鐵路是英國資本，津浦鐵路是德英兩國的資本，膠濟路是德國的資本，平漢路是英法比的資本，隴海路是法比的資本，粵漢鐵路的完成，大部份也靠着外國資本。他們爲便利輸送商品，吸收原料，多將鐵路建築在海口所在地，這樣的交通線平時卽置在他們的權力的威脅下，遇有戰事更容易受敵人的砲火威脅，自已不能利用。由外向內的交通方向，使外力深入內地各部，減少抵抗外力侵入的便利，而且鐵路的中心點是沒有經濟價值的北平，唯一好處就是便利北京政府對地方的集權統治。至於內地及西南西北的交通，不僅沒有近代的交通工具，民間的交通多依恃着牲畜駱駝。在南方河渠縱橫，水運尚多便利，北方的河川可資航行者甚少，交通更不方便。交通梗阻所發生的弊害，使民族的團結因生活隔離而不能圓滿。文化更不能統一，經濟的聯繫不能緊密，形成了地方割據，不能建立起統一集權的中央政府。所以邊疆各省與內地來往，反不如國外交通方便。在經濟商業上和國外的關係反較密切，因之外力很容易侵入，如西藏之與英，新疆外蒙與蘇聯，雲南與法屬安南皆是。近年來中央勵行國民經濟建設，發展公路交通，因內地的交通發達，經濟繁榮，已對於統一對外的中央政局，成了有力的推動。由此，我們可以看出經濟建設是促成統一對外的良好方法。

四・中華民族的歷史發展

領土這樣遼闊，人口這樣衆多的中國，是經過五千年的逐漸擴展而成的。古代的中國民族住居山陝交界渭水流域的地帶，逐漸向東擴展，沿黃河，到長江，到濱海各地，南達珠江流域而出海。就中國民族發展的大勢說：方向是由西北到東南，路線是由河流到海洋。最初從西北向東南繁衍的民族是漢民族，在渭水流域，因地理的氣勢和氣候的方便，促進農業的發展。西北的漢族挾着較高的農業經濟優勢向東南移動。東南及南方的民族，抵不住漢族傾注的壓力，只好退到偏僻的叢山，度其日就滅亡的初民生活。但是，北方的遊牧民族，藉着其勇敢善戰的氣質，不僅沒有爲中原的漢族所消滅，而且常與漢族對峙，並且進而統治過漢族。他們利用其遊牧生活的社會，騎馬拈弓，侵略中原的農業民族。中原民族因軍事技術及氣候關係常爲他們打敗。西漢是漢族兵力最盛的時候，漢武帝派遣大兵，北伐匈奴，追至漠北，遊牧的匈奴民族四散逃亡，漢兵見不着人影，只得退回來，絕不能在沙漠南北屯兵久住。歷代屯兵戍邊的地方也不過現在的長城和陰山賀蘭山內外能不使胡馬度過陰山或者能踏破賀蘭山窟的人便是歷史上了不得的大英雄了。因爲中原民族是在農業經濟的社會裏生活着，舉兵北伐，跨進遊牧社會。塞北地域，就不能夠忍受風寒。生活方法也不能適應沙漠水草的環境。所以北伐也不過消除了邊疆上的威脅，就算完事。這樣最多不過使他族不敢侵犯，成立暫時的和局，北方民族的勢力，仍永遠留存在那裏。中原民族對南方異族的情形便不相同，由中原向南走，是漸向近熱區域移動。近熱帶的地方，謀生較易，在中原受生活壓迫的人民，跑到南方，安於南方的較易生活也就不願北返。整個民族的壓力向南流注，無怪乎久居在南方的土著異族，抵不住大流的沖激。

說到北方邊區的富源，就不能不提到陰山以南的河套土地，這一個區域在歷史上叫做「漠南地」及「河南地」，河套是塞外最肥沃的土地，宜於繁殖畜牧，所謂「黃河千害唯富一套」的套，就是此地。北方民族佔有肥沃河套，可以因糧就兵，作為南侵的有力根據地。秦漢時代，匈奴南侵最烈，秦始皇統一中國，國力充實，奪回河南地，驅除匈奴勢力。秦末中國內亂，匈奴南侵佔有河南地，冒頓因之兵力富強，有控弦之士數十萬人。漢劉邦以三十萬大兵北伐匈奴，尙為所困於平城，漢武帝以數代休養生息的力量奪回河南地，匈奴也只好向北走了。五代時，石敬塘將燕雲十六州送給契丹，北宋無力收復，遼金資之為患宋邊。金更進圍汴京，南渡長江，元滅金亡宋，統一中國。起自北方的滿族，也是趁中國內亂，先征服北方，長驅南侵，明的半壁河山也不能自保，儘管北方民族的武力能一時征服中國，可是遊牧民族一到了農業平原和工商都市，久而久之自為中原的民族所同化。我們看曾一度入據中原的蒙古民族，現在有大半都漢化了。統治中國的滿族，經過漢滿民族三百年的交流，還有幾多滿族存留着？甚至為女眞族根據地的松花江流域，因關內漢族的移墾，兩民族經過混合後，女眞的子孫也微乎其微了。中國的西北方，有回藏兩民族，自與漢族接觸後，多因文化交流有漸趨同化之勢。

現在中國的民族，除了所謂南方的苗猺獞蠻深入叢山外，所剩的漢滿蒙回藏五大民族，經過秦漢到現在二千多年的交流融化，彼此間種族的界限已日就消失，形成團結一體的中華民族。在整個中華民族內漢族人數佔百分之九七以上，滿族僅在東北長白山僻地裏尙可找到，爲數甚少。蒙古族分佈在蒙古及熱察綏的北部，文化上大致與漢族合流。回族住在新疆及甘陝二地的較多，除宗教外，幾與漢族無異。藏族卽歷史上的氐羌吐蕃，住在西藏及青海西康一帶，中華民族的組合成份雖然複雜，經過悠久的歷史糅合，已變分立的五族爲統一的中華民族，在數千年的民族戰史上，以漢族爲首領的中華民族表現了偉大戰鬥力量。在過去既能征服或同化了鄰近的異族，現在一定是能以完成民族解放戰爭的歷史使命。

第二章　五胡亂華

一、秦漢的都市與農區分配大勢

三國演義開頭幾句話說：「話說天下大勢，合久必分，分久必合」，這幾句話說明了幾千年來中國歷史發展的大勢。我們看：秦的統一，結束春秋戰國以來的分裂局面，中國歷史上第一次的大統一帝國出現。秦漢統一四百年，而有三國的鼎立，晉統一不久，遭五胡之亂，接着又是南北朝的對峙。隋唐統一之後，又有五代十國之「分」，宋統一之後，又有南宋遼金之「分」，元明清統一，民國二十幾年來，又是軍閥紛爭分裂的局面，現在才在三民主義之下統一起來。

天下大勢爲什麼會分久必合，合久必分呢？

這個原因，是由於中國歷史上商業及交換經濟發達而工業不發達的關係。政治是社會經濟的上層建築物，政治形態是隨着社會經濟結構的變化而變化的。游牧社會中，人民逐水草而流動，因而其國家政治組織也沒有一定的領土界限。經濟上可以獨立成爲一個單位的地域，在政治上也就往往形成一個獨立政權。封建時代，因爲生產力的幼稚，交換經濟不能發達，各地域都保持着各自的自足自給性，很小的一個地域，在經濟關係上都能自成一個單位。因此封建時代的政治組織是非常零碎的，小國林立，諸侯如麻，很小的一塊地方，便成立一個國家。

生產力的進步，促進商業的發達，商業的發達，打破各小地域在經濟上的獨立性。各地域的關係，不是各自孤立自足自給，而是互相依賴才能存在，至少彼此間有幾方面要互相依賴。商業及交換經濟，好比一張網，它把自足自給的各地域，各小經濟體，聯成一個地域，一個大經濟體。

經濟上可以成一個單位時，在政治上也往往形成一個政權。隨工農業的發達，商業及交換經濟把自足自給的各地域各小經濟體，聯成一個地域一個大經濟體了，於是在這個大經濟體上，也就可能建立起統一的政權來。近代國家之突破封建政治而建立，也就由此。

中國歷史上爲什麼有統一，就是這個原因。

但百年前的中國社會，從未越過手工業農業社會，走進工業資本主義一步，商業及交換經濟發達是發達了，但是生產規模仍然是地方的。商業雖然把全國聯成一個體，作成統一局面的基礎，但各地域在生產上的獨立性仍然極大。每一個地方區域仍極有支持一個獨立小政權的可能。所以在中國歷史上，統一的中央政府，總是努力保持能控制四方的強大的力量，把操着各地方的財政經濟大權，努力維護交通路線。一旦中央政治腐敗，武力削弱，交通線破壞，各地割據的政權便馬上樹立，天下重陷於分裂的局面。

秦朝的統一，是中國歷史上眞正統一局面的第一次出現，春秋戰國以來，以奴隸的生產爲基礎而發達的商業及交換經濟給秦始皇作下一個統一的基礎。

中國民族歷史的發展大勢，是由西北向東南，由河流到海洋的。中國民族最初的發展地是黃河流域——由陝西渭河盆地到山東這一塊地方，南到漢朝，在地圖上中國的地域雖然已經很廣，向南發展到現在的廣東福建一帶，東北到朝鮮，西南到雲桂，西北到甘肅，但經濟中心仍在黃河流域。

秦漢時期，關中一帶是最富饒的地方。司馬遷說：「關中之地於天下三分之一，而人衆不過什三，然量其富什居其六」。可見關中在經濟上的地位。秦及西漢的統一天下，都是以關中爲基礎的，渭河流域，自汧雍以東，至河華膏壤，沃野千里，自古以爲上田。灌漑業極發達，著名的鄭國渠，引涇水灌舄鹵之地四萬餘頃。造成秦代併吞六國的基礎。關中因爲土地肥沃，農業極盛，同時商業亦極發達，長安便是一個大都會，富商大賈周流天下，交易之物莫不流通。長安南通巴蜀，西北通羌戎的巴蜀的物產及羌戎的畜產皆以長安爲貿易市場。

其次便是關東三晉及黃河下流地方，經濟也極爲發達。從地理上看，這是黃河三角洲的大平原地帶，這一地帶開化很早，夏商便是在這一地帶上立國的。農業發達，人口衆多，經濟情況是僅次於關中地帶的。洛陽，梁，邯鄲，臨淄，陶，都是極大的都市。陶居天下之中，爲一商業都市，陶朱公曾在這裏治產積居營生，十九年間三致千金，後至巨萬。臨淄自齊以來就是有幾十萬人的大都市，「揮汗成雨掩袂如雲」的典故，就是從這裏產生的。齊地的絲織品是銷售於各地的，全國人的冠帶衣履皆仰給齊地。

這時的長江流域，無論在經濟上文化上都是比較落後。吳楚在春秋戰國都是比較落後的國家。在黃河流域國家工商業已有極高的發展時，楚國還在初期的農業社會階段，到西漢初年，楚越之地，還是地廣人稀，飯稻羹魚，火耕水耨，果郁蠃蛤，不待賈而足。發達的黃河流域，東漢以降，却逐漸衰落，江南落後地帶相反的慢慢興盛起來。

黃河流域衰落的原因，是由於內部暴亂的破壞，及南方開發的引誘，因而引起外族的入侵，外族的侵入，更使黃河流域的衰落過程加速。內部的大變動，在西漢末年，有赤眉之亂。赤眉起自山東，展轉騷擾山東河南各地，後遂盤踞陝西，終爲劉秀擊潰于河南宜陽。關中在赤眉亂後，經濟文物被破壞極重，長安從此衰落，直到隋唐建都，才慢慢恢復了秦漢的舊觀。東漢末年有黃巾，董卓，黑山賊之亂及，羣雄的角逐。黃巾暴動波及的地域蔓延于現在山東，河南，河北及江蘇安徽的北部。董卓之亂破壞了關中，黑山賊又擾亂了河北，可說整個黃河流域都捲入這個大混亂中，直接參加這些暴亂的有百數萬人。董卓向長安退却，洛陽周圍百餘里內，燒掠殺戮殆盡。李傕郭記亂後，關中殘破的更爲不堪。洛陽和長安的情境，成了敗瓦頹坦宮殿若墟的樣子。

幾次的大亂，都發生在當時經濟中心的黃河流域，幾次的大亂，把東北方的社會經濟破壞了。黃巾亂後，黃河流域到處是荒涼淒慘的現象，眞是農村凋弊，飢莩滿野，大部分土地都任其荒蕪。昔日繁盛之區，大多成爲人烟蕭條，赤地千里的景象。到魏文帝時，洛陽附近還是一片荒林蔓野，引起了不少詩人的喟嘆。

北方遭受大亂，人民一部份死亡，一部份便向南逃。逃的人以富家豪族爲多。中原人口避難的主要地域，一是江南，一是荆湘，其次便是巴蜀，也有南到廣東，北去幽燕的，但數量極少。人口及財富的南移，使江南荆湘巴蜀等地很快的開發起來。同時長江對廣東及南洋的貿易也發達了，這更助長江流域社會經濟的開發及繁榮。

北方的殘破及南方的開發，使南北兩地的形勢改變了，南方在經濟及財富上已由附屬的地位躋于和北方對抗的地位。因之在這經濟基礎上也漸漸可以支持一個獨立的政權，和北方相抗了。

二、五胡的侵入及暴動

南方的開發及北方的殘破，使人口稠密的中原人民南移。這一點可以作爲中古初期民族遷徙的一個理由，廣闊的肥沃土地的引誘。謀生難易的差別的顯示，使北方人口自由或不自由的慢慢南移。中原人口的南移，又好讓西北邊地的人口內徙，東漢中葉，西北邊疆各郡的人口已經非常稀薄。在東漢有官吏按人戶多寡支薪的辦法，邊地人口稀薄，邊地的官吏的報酬減少，有些官吏，希望遷官內地，就強追人民內遷，以遂自己的私圖，有這自然的與人爲的兩種互爲因果的事實，遂使南方的人口加多，中原的人口減少，西北邊地的人口稀薄。西北邊地人口的移薄，才引起五胡豪族的移住，這是從東漢就開演的事實。在西晉初期，所謂五胡的豪族已佈滿了西河關中河內晉陽上黨諸地，與漢族錯綜雜居。

西晉八王之亂，使漢族政府的統治力量削弱到極點；封建莊園制度的發達，使土地集中於豪宗大族，引起各地民衆的暴動，社會的暴動，伴隨着種族的鬥爭，內部蠻族的暴動，又引起外地蠻族的入侵。社會的種族的內部的外地的錯綜複雜暴亂，演成了五胡亂華一幕歷史劇。

五胡是指的匈奴，鮮卑，羯，氐，羌。匈奴鮮卑羯是北方蠻族，羯又是匈奴的別種；氐羌是西方的蠻族，氐的支派又有所謂賓族。匈奴的兩族在西晉時業已漢化，他們參加了內地異族的暴動，鮮卑氐羌在西晉時仍多在邊疆，他們參加了外地異族的入侵。

匈奴是一個北方的游牧民族，古代稱爲獫允葷粥，以畜牧爲業，逐水草遷居，沒有城郭常居及耕田之業。游牧民族向農業民族的侵掠，是爲的掠奪財富及奴隸。匈奴人的入侵，每次總是刼掠人民畜產而去。

殷高宗周宣王都曾征伐過匈奴，給漢族留下光榮的史蹟，在書經和詩經上都有歌頌武德的詩詞。秦朝使蒙恬將數十萬大軍擊匈奴，收復河南地，因河為塞，逐匈奴族於河北。蒙恬死後，中國大亂，邊防空虛，匈奴遂又渡河南侵，到現在的陝西與甘肅的北部。楚漢相爭之際，匈奴最強，冒頓單于有控弦之士三十餘萬，漢高祖曾被匈奴困於平城，漢朝採取和親政策，不敢與匈奴相爭，休息生養了百年，漢武帝才以全國之力，命衞青，霍去病等掃蕩匈奴，前後數戰，終將匈奴打倒漠北。匈奴失了漠南的根據地，對中國的肘患才平息下去。宣帝時與西域烏孫夾擊匈奴，匈奴勢始不振。同時內部發生變亂，五單于爭立，互相殘殺。呼韓邪單于款塞降漢，漢朝政府使之居于塞內，這是蠻族移住的濫觴。

東漢初年匈奴族又開始作亂。光武時，匈奴鈔暴日增，侵至河東一帶。州郡無力抵抗，遂徙幽幷兩州、邊境人民於常山關居庸關以東以避之、匈奴入居塞內的區域又加大起來。章帝時因北匈奴內亂，漢欲乘勢滅之，以除北患，遂命竇憲等北征，大破北匈奴，至於燕然山，去塞三千餘里，北單于不知所去。自此以後，北匈奴益衰不振，南匈奴單于事漢益謹，不復爲邊患。曹操又把南匈奴分爲五部，各置大人，匈奴的勢力更爲散漫，不復能爲中國之害。

兩漢時代，漢族的外患，在北方是匈奴，在西方便是羌。西漢匈奴之患大，東漢則以羌患爲烈。羌族的所在地是黃河賜支河湟河三河間，羌也是游牧民族，居處無常，依隨其水草，地少五穀，以產牧爲業。西羌在秦時已漸漸繁殖，秦始皇使蒙恬將兵略地，逐羌人於塞外。至西漢初年，羌人又漸漸東徙，武帝征伐四夷，西逐諸羌，乃渡河湟築令居塞，初開河西。置酒泉武威張掖燉煌四郡，以隔絕羌與匈奴的聯絡。羌與匈奴通，合兵十餘萬攻令居圍抱四千，爲漢將李息所敗，乃退處湟中，依西海鹽池左右。宣帝時，羌又謀向東發展，寇掠金城一帶，漢將趙充國討平之，並在臨羌一帶設置屯田，羌患始平。一直到王莽時，西邊無事。王莽末，羌又還居塞內，寇掠金城屬縣時起時平。至安帝初年，諸羌連合內侵，漢遣鄧隲任尚討之，不能勝，羌帥滇零自稱天子於北地，招集武都上郡西河諸雜種，衆遂大盛。東犯趙魏，南入益州，遂寇鈔三輔，百姓死亡，不可勝數，朝廷不能制，後來一直抄掠到河東河內，隴西安定上郡北地，諸郡多徙地以避之。十餘年才被討平，但不到二三十年，順帝時羌禍又起。桓帝時羌亂也很厲害，西北諸地，受禍極重，百姓死的死，逃的逃，幷涼二州遂爲之虛耗了。

氐其先爲大月氏之別族，居張掖酒泉等地。西漢初年月氏王爲匈奴冒頓所殺，餘種分散，西踰葱嶺，其弱者，南入山阻依諸羌居止。及漢將霍去病破匈奴，取西河地，開湟中，於是月氏來降，與漢人錯居。在五胡亂華的五胡中，氐是比較漢化的。能織布，善種田，婚姻備大禮，而且多能說中國話。氐人口很少，故未曾爲中國邊患過。

鮮卑是東胡族種，依鮮卑山居住，所以稱鮮卑。東漢中葉，始通中國，和帝永元中，竇憲擊破北匈奴，北單于逃走，鮮卑遂西向轉徙據其地，從此種族繁殖，漸漸强盛。對於中國也時降時叛，桓帝時，鮮卑大人檀石塊，勇健有智略，居住匈奴故地，東西萬四千餘里。遂漸入塞寇鈔，自分其地爲三部，從右北平東至遼東爲東部。從右北平以西上谷十餘邑爲中部，從上谷以西至敦煌爲西部。東漢中葉以後，剛剛平定匈奴之患，又換上了鮮卑，靈帝年間，幽幷凉三州無歲不被寇抄。檀石槐死後，鮮卑中衰，魏時軻比能立，族類又轉强，時爲寇亂，軻比能死，鮮卑又衰落離散，邊境差安。

秦漢以來，中國屢以全國兵力征伐西北兩方的異族，烏桓，鮮卑，匈奴，氐羌等蠻族部落都先後歸附於中國。中國對待歸服蠻族的辦法，往往遷徙於內地：例如漢宣帝時呼朝邪歸附，使之居於塞內，而且委託他們作邊疆的警衛。趙充國擊西羌，徙之於金城郡，光武帝又把南匈奴徙入西河五源，漫散七郡，馬援也曾把擊敗的羌族遷徙於三輔，到五胡亂華的前夜。現在甘肅，陝西，山西，河北全省以及河南北部都散居着蠻族。因爲生活習慣的不同，及種族上的歧視，漢族蠻族常常發生衝突，東漢安帝時羌禍的發生，就是由於漢族政府與人民的壓迫與欺淩而起。魏晉時期有識羌人士已看到種族衝突的危機，郭欽上疏晉武帝，力勸武帝以伐吳的兵力强迫內地的異族移居塞外，以免異日擾亂中原。他說：

「戎狄彊獷，歷古爲患，魏初人寡，西族諸郡皆爲戎居。今雖服從，若百年之後，有風塵之警，胡騎自平陽上黨，不三日而至孟津，北地，西河太厚馮翊安定上郡盡爲狄庭矣。宜及平吳之威，謀臣猛將之略，出北地西河安定，復上郡實馮翊，於平陽已北諸縣募取死罪，徙三河三魏見士四萬家以充之。夷不亂華，漸從平陽弘農魏郡京兆上黨雜胡，峻四夷出入之防，明先王荒服之制，萬世之長策也。（晉書九七匈奴傳）

郭欽是西河人，目擊內地異族的蠢動，而預料中原將有種族衝突的危機。惠帝時，中原人士江統作徙戎論，也主張以兵力徙異族於邊塞之地，他說：

「當今之時，宜及兵威方盛，衆事未罷，徙馮翊北地新平安定界內諸羌，着先零罕幷析支之地，徙扶風始平京兆之氐，出還隴右，着陰平武都之地。稟其道路之糧，令足自致，各附本種．反其舊土，屬國撫夷，就安集之，戎晉不雜，並得其所，縱有猾夏之心，風塵之警，則絕遠中國，隔閡山河，雖爲冠盜，所害不廣矣。（晉書江統傳）

郭欽的注意點在北方的匈奴，江統的注意點，在西方的氐羌，耽於清談的西晉士大夫顧不着這種危機，把針砭時弊的對策都輕輕置在腦後。跟着八王之亂的內亂，就接上了五胡亂華的外患。

首先起事的是匈奴族劉淵，於永興元年（西元三〇四年）建國號曰漢，都於離石，以山西南部作根據，略取太原上黨冀州及兗豫等州諸郡，永嘉二年（西元三〇八年）即皇帝位，遷都平陽。其子劉聰嗣位，遣將攻陷洛陽長安，擄懷愍二帝，使其靑衣行酒，西晉遂亡。匈奴所建元的蠻族，五朝的漢，就是史書上所稱的前趙。

劉聰的晚年，不理朝政，掌握兵權的大將都跋扈起來。石勒盤據趙魏，曹嶷盤據齊東，鮮卑的部落散佈在燕代一帶，西北的氐羌也反叛起來。匈奴的王朝崩潰下去，羯族的軍事首領的石勒在襄國建立後趙王國。又打敗劉曜，統一中原，在五胡亂華中算是强大的蠻族王朝。這個王朝的首都，到石虎時由襄國遷到鄴。

後趙的末年，中原發生了一樁漢族和胡人互相殘殺的事情。石虎的諸子起了內鬨，義子漢人冉閔想着借漢族的力量把異族逐出中原，他下令不准胡人帶兵仗，鄴都的胡人，都携家往北逃竄，漢族的人民也都警戒起來，冉閔下令漢人「斬一胡首者，文官進位三等，武官悉拜牙門。」於是漢朝的殘殺更加劇烈，北方的漢族南逃，南方的胡人北奔，狹路相逢，團鬨相殺。僅僅鄴都附近，就被冉閔殺了二十餘萬，高鼻多鬚的人民被誤殺的也不在少數。中原的異族聯合起來反對冉閔，羯族的石琨自冀州，鮮卑族的慕容儁自龍城，羌族的姚弋仲自滆頭，各向冉閔進攻。冉閔失敗，中原建立起鮮卑族的王朝——前燕。

鮮卑族在中原建立前燕王朝的時候，氐族苻氏的王朝已建立於關中。苻堅卽位，滅前燕統一了北方。攻取東晉的漢中四川，征服了代涼。又平定西域諸國，統治區域的廣，在五胡中首屈一指。東晉孝武帝太元八年（西元三八三年）符堅傾全國兵力伐晉，企圖統一中國，在淝水吃了敗仗，整個的北方又入於混亂的狀態。鮮卑族的慕容氏建立了後燕，南燕，北燕，西燕等王朝，羌族的姚氏建立了後秦王朝，匈奴族也死灰復燃起來。中原遭受了三十多年的分散的局面，到北魏太武帝統一北方，這才結束了五胡亂華的擾攘時代。

總括起來說：中原的擾攘時期達一百三十六年之久，匈奴，鮮卑，羯，氐，羌五胡所建立的王朝不僅十六國。語其年代，則劉淵於西元三〇四年據離石稱漢，石勒於西元三一九年據襄國稱趙，西元三五四年張重華自稱涼王，西元三五五年冉閔據鄴稱魏，三五六年符健據長安稱秦，三五七年慕容儁據遼東稱燕，西元三八六年慕容垂據鄴，三八八年慕容冲據阿房皆稱燕，以後沮渠氏同伏氏禿髮氏又先後稱涼，馮跋稱燕，赫連氏稱夏。蠻族的王朝紛紛建立，這是史書上所稱的五朝亂華。

三　五胡東晉南北朝的對峙

五胡互相爭奪，致使中原不能長期統一。在此時期，東晉得以從容偏安於江左。東晉沒有受到嚴重的外力壓迫，社會生活方面還是沾染着西晉清談的遺風，世家大族高居其上，誇耀着門第血統的高貴，詆毀切實辦事的人物爲俗物蠢材。符堅統一北方，躬率百萬大軍，意欲遍踏江南，這才驚覺了江南人士安樂之夢，多年內戰外征的結果，在世家貴族以外，又產生了軍事貴族。南方的軍事力量慢慢堅强，這才能和北方維持了近三百年的對峙局面。而在北方沒有遷徙的大族，多半立塢壁自守，推豪健者爲領袖，以與征服者鬥爭。這些塢壁的人民旣不服役，也不納稅，又多少給異族南侵一些阻力。

東晉以降，除去祖逖在豫南，蘇峻在淮海，劉琨在山西，與異族作艱苦的抵禦外，東晉南北朝曾有三次重要的民族戰爭。這三次戰爭就是：(一)桓溫的滅蜀及與燕秦之爭，(二)符堅的侵晉，(三)劉裕的滅秦。

胡人在北方擾亂的時候，氐人李氏乘機在巴蜀建立一個國家。與東晉北胡成鼎立的形勢。永和二年（西歷三四六年），桓溫卒。衆伐蜀，遂滅之。桓溫又曾三次北伐，永和十年（西歷三五四年），伐前秦，率四萬人從江陵出發，水軍自襄陽入均口至南鄉，步兵自淅川以征南中，命梁州刺史司馬勳出子午谷。溫軍進至霸上，秦主苻健深溝清野，堅壁不出，溫以軍糧不繼而退。永和十二年（西歷三五六年）伐前燕，破燕將姚襄，遂收復洛陽。太和四年（西歷三六九年）桓溫三次北伐，百官送行，都邑盡傾。軍到胡陸攻燕將慕容忠獲之，進至金鄉，以亢水旱道不通，遂鑿鉅野三百餘里，以通舟運。自清水入河，與慕容垂戰於林渚，破之，遂進至枋頭，終因石門不下，舟運不通，軍糧竭盡，兵敗於襄邑。

淝水之戰，是東晉建國史上重要的一頁，苻堅統一北方，統合着各種異族，傾全國兵力來征伐東晉，這是永嘉亂後漢族王朝的存亡關頭。如果抵禦不住，全部中國都要歸於異族統治。晉孝武帝太元八年，苻堅統領將近百萬的步騎大軍，順着潁水直攻壽春，東晉命謝玄謝石率兵抵禦，拚命一戰將頑强的敵人擊潰。這一戰在秦漢以後的魏晉實不多見，漢族威望消沉的時候能有這次的戰勝，自然成爲後世詩人文士謳歌的對象。受盡異族壓迫的北宋大史家司馬光纂述資治通鑑的時候，不禁出了一口悶氣，寫出「風聲鶴唳草木皆兵」的名句。這一戰與漢族政府實在揚眉吐氣不少。

農民出身的劉裕，平定孫恩桓玄之亂，立下了汗馬功勞，這軍事貴族還想立外功以自重，遂屢伐中原。中原在符堅敗後，成爲後秦後燕兩國的對立。時魏已興起於北方，侵入後燕中山，燕將慕容德徙都廣固，自稱帝，是爲南燕。義熙五年，（西元四〇九）劉裕由淮泗北伐，遂滅南燕。十二年，伐後秦，分兵數路，一路自淝水壽春，一路趨許昌洛陽，一路自南陽趨陽城，一路自襄陽趨武關，一路自彭城帥水師出石門，一路開鉅野入河。水陸並進，大破秦軍，遂克長安，滅後秦。終因急於篡位，不能固守收復的土地，將領又起了衝突，遂爲沮渠蒙遜所乘，入關的諸軍全軍覆沒。

五胡與東晉的對峙中有這三次的戰爭。五胡亂後，北方統一於魏，東晉被篡於宋，成爲南北朝對立的局面。南北兩朝也有不少的戰爭，大半都是關於靑齊淮泗一帶的爭奪。淮泗流域的得失，又是南北兩朝勢力消失的關鍵。淮潁渦泗流域是中原和江南的連鎖地帶，南方得之可以進窺中原，北方得之可以直下江南，在中國歷史上，凡是南北分立之期，這個區域的爭奪是必要的。從曹魏說起，江淮都配置重兵駐扎，毌丘儉文欽諸葛誕都藉助這枝重兵反抗司馬氏；鄧艾屯田潁上，造成西晉滅吳的基礎。南北朝時期，宋魏相爭，魏齊相爭，魏梁相爭，不是以彭城爲中心，就是以壽春爲中心，淮潁流域成了當時主要的進軍地，符堅攻東晉由潁水，劉裕伐秦由潁水，北魏太武帝伐宋一路由潁水一路趨彭城，侯景襲梁由潁水。劉裕北伐沈林子，一路由汴水北上，跋珪南伐，一路由泗水抵淮陰。來往的征伐是以淮潁等水作爲進退要道，南北的爭奪，又是以江淮一帶爲目標。江淮一帶對江南的國家尤其具有脣齒的關係，一得一失，就足以影響南朝立國的根本。南北朝的初期，江淮一帶，南朝的掌握，還能與兵力較大的北朝抗衡；及至北齊與陳的對立，江淮一帶爲北齊奪取，南北方失了均衡，南朝終爲北朝所滅。

南北兩朝兵力的比較，是北朝慢慢勝過南朝；但是南北兩朝的文化的比較，南朝卻勝過北朝。五胡亂華時期，北方民族乘着征服的餘威，對漢族文化抱持藐視的態度，侮辱士人的舉動，曾屢見于載籍。戰局平定下去，侵入的民族日趨漢化，對於漢族文化也漸趨模仿。北朝到孝文帝時，禁胡服胡語，改建官制，蠻族王朝已經一切漢化。南朝王肅逃亡北方，更給漢族文物制度以廣大傳播。在北朝中期以後，北朝的文物制度已深刻受到南朝的影響，南北已進於融合貫通的地步。南北對峙，局面在各方面都漸趨消逝，至隋文帝以兵力滅陳，統一中國，南北的對峙才名實俱亡了。

第三章　契丹女眞的侵入

一、隋唐統一的形勢

南北兩朝的均勢，自從北齊取得江淮，北周取得四川以後，慢慢破壞了。北周統一北方，其國力比較南朝的陳，優越的多；所以，隋代得以藉原有的武力，削滅叛亂，征服陳國，而進於中國統一的局面。

在黃巾亂後四百餘年擾攘局面中，隋朝之能以統一，決非偶然。隋唐定鼎以後，居然又有維持三百年的一統局面，也決非偶然。前者的原因，我們歸於當時財富區域之被北朝征服，陳國不過局促一偶，兩國國力的消長，自然南朝要滅亡於北朝。後者的原因，我們歸於政府之始終能支配財富區域，地方無力來作反攻政府的活動，中央之能支配地方，專賴當時交通的順暢，政府的兵力可以隨時到達各地，各地的財富也可以源源集中到政府。茲先敘述隋唐時代水陸交通的情形！

我們曉得，古代的陸路交通，全是靠着驛路，驛路好比現在的公路，是公私來往最便當的道路。關於隋朝的驛路的詳細情形，我們還沒有史料可據。關於唐朝的驛路，却有一部元和郡縣志紀述甚詳，近來的社會史學者有更精密的研究，從當代的詩文裏又尋出了一些較小的路線。

唐朝的驛路，有大幹線和幾個重要的支點。最大的一個幹線，是從長安到揚州，從揚州又到廣州的一條。這條幹線所經過的都市，有洛陽，汴州，宋州，泗州，楚州，揚州，潤州，常州，杭州，撫州，吉州，廣州，這裏邊有長安，汴州，杭州幾個重要支點。由長安西去可通涼州敦煌，北去可通邊塞，南去可達四川。由汴州北去可通涿州，東去可達曹兗，杭州，南去達閩越。驛路的主脈，是從西北向東南，這表明當時的中央政府以西北兵力控制東南財富的策略。

隋唐的水路交通，也是很便利的。隋煬帝開鑿河道，雖然引起了人民暴動，因而政權顛覆，可是却替後人奠立了統一的基礎。在隋朝以前，因爲南北兩朝的對峙，南北的河流交通不大順便，當時比較重要的河流爲淮泗渦，都因多年的戰爭而歸於荒涼堙廢。隋文帝統一中國，開始就注意濬通河流的工作。隋煬帝繼立，爲個人的享樂與當時經濟上的要求，便大規模開鑿河道。所開鑿的河道，較爲偉大，而對後代社會經濟有重大影響的，有通濟渠（通稱汴河）永濟渠，江南河（江南的運河）簡單說：就是現在所稱的運河。永濟渠是從汴州到涿州，汴河是從河陰（汴黃兩河相交處）到楚州，從楚州到揚州的一段叫做山陽瀆，江南河是從揚州經潤州到杭州。這些河都是大業初年開的。

這幾條運河，永濟渠和江南河比較不重要，汴河和山陽瀆却是當時佔獨一地位的河道。按隋唐時代財政上的情形，每年需要大批的食糧由江南財富區運到西北政治區，最高額達到五六百萬石。唐朝的租稅制度，是以「丁」作徵收單位的租庸調，以現耕地面積作徵收單位的地稅，及以戶和財產爲徵收單位的戶稅三種，鼎足而立。租庸調的租是徵米的，調是徵絹的，庸是折絹的。地稅是徵米粟的，戶稅是徵錢的。但是江南的戶稅，大半是折米的。所有江南的米絹等稅物，統統集中揚州，由汴河往長安運輸。汴河不啻國家經濟上的命脈，他是溝通政治區和財富區的唯一血管。潁水，渦水不過是輔助的運道。安史亂後，藩鎭多據地自雄，淮西一帶先後有李希烈吳元濟稱兵作亂，截留中央稅物。因是汴河潁渦等運路梗塞不通，江南一部稅物改溯長江而上，運至四川；或由鄂州轉襄河，再由武關陸運關中。

都市的位置，大體都是與交通線有關係的。隋唐都市的分佈，都是沿着各主要水陸幹線。第一等的都市，有長安，敦煌，揚州，成都，廣州，二三等的都市有洛陽，汴州，楚州，宋州，杭州。長安是政治的中心，人烟稠密，朱門大第正是櫛比相連。他是一個消費的都市，又是一個奢侈品手工業的都市，例如長安的玉石器就是當時最馳名的。敦煌是當時的沙州敦煌郡。他是和西域胡人通商的中心，從歐洲和西部亞洲來中國的商品，除一部份由海道到廣州和揚州外，其餘的都是來到敦煌。唐玄宗天寶年間曾有一個故事：葉道士是玄宗最親信的一個人，傳說他會分身法，某年元宵觀燈節上，玄宗曾問他，天下燈戲以何處爲最熱鬧，他用分身法到了各地，說是天下燈節以敦煌爲第一。由此我們想像敦煌市面的繁榮。揚州是當時的揚州廣陵郡，比現在的揚州略偏南些。他是隋唐時代數一無二的國外國內貿易的中心，大秦大食天竺日本等國的商人和游歷者，都要從這裏入境。那裏的人是華洋雜處，那裏的商品是五光十色。例如珠寶一項入口品，在量上雖然以廣州爲多，但是不經過揚州市上的評價，却很難誇耀高貴。銅器等比較進步的五金工業，也是以揚州爲中心產地，揚州銅器對當時達官貴人富商大賈以及閨門貴婦，都具有莫大的引誘力。成都是天府的四川的政治，經濟的中心，秦漢以降，他的繁榮世世不衰，所以唐玄宗離開長安，第一個就想到了它。廣州是和外商貿易的最大最早的海口，它跟着和內地交通的發達而日趨繁榮，它是珠寶象牙等珍寶商品的重要都市。所謂二三等的都市，大半更要藉助於交通線和當時運輸的方法。關於宋州杭州的說明，可以從略。關於楚州的說明，我們不能不附帶說說唐代的運輸制度。唐代大理財家劉晏曾規定了一個簡單的運輸原則；就是江船不入淮，淮船不入汴，汴船不入河。因是，在各河的交叉點都要設立堆棧，都要養下許多搬運的工人和管理搬運的官院。楚州是現在的淮陰，它正處於淮汴的交叉點，那時淮河可以通海，又有許多由揚州到登州滄州的人經過這裏。在這種環境裏，楚州成了當時的二等都市。汴州是現在的開封，他在南北朝末期已經繁華起來，它沿着幹線驛路及汴河，又是東達曹兗的咽喉，北去涿州的起點，所以，他在隋唐時代能稱第二等都市。

我們概括的來說，可以看出隋唐都市分佈的形勢，以江淮一帶爲最多，江淮一帶正是隋唐時代的財富區，便利的交通網正是中央政府支配財富區的樞紐。凡是一種新起的勢力，莫不企圖奪取這個區域，凡是舊有的勢力莫不想保持這個區域。根據這個理由，使我們了解安祿山史思明之亂，張巡許遠固守睢陽的重要。這又使我們了解唐德宗以降，中央政府與藩鎮爭奪汴渦穎河沿岸要塞的意義。這也使我們了解五代時中原諸國爭奪黃河流域的重要，也使我們了解契丹控制黃河流域的影響。

二、隋唐的對外武功及五代時期南方北方的社會狀況

我們提到隋唐兩朝，總可以誇耀兩大帝國的威望。隋文帝統一中國後，就對突

厥恩威並用的實行征服計劃。南北朝末年，突厥的勢力很大，到了佗鉢可汗尤稱強盛。但佗鉢可汗死後，攝圖等與大邏便爭奪皇位，國中發生內亂，攝圖等四人俱稱可汗。攝圖稱沙鉢略可汗，菴羅稱第二可汗，大邏便稱阿波可汗，玷厥稱達頭可汗。突厥分裂爲四部，勢力因之大減、隋文帝用離間政策，分別予以征伐，內部乘機兼併，遂成東西兩突厥，兩突厥皆向隋請和稱臣。南北朝時跋扈數十年的突厥，終於爲隋文帝征服。

唐初的威望，較之隋朝更爲赫赫，四方蠻族莫不詣闕稱臣，尊太宗爲天可汗。這時北方的蠻族有東突厥，西突厥，西回紇。西方的蠻族有高昌，黨項，吐谷渾吐蕃。東方的蠻族有高麗靺鞨，渤海，奚，契丹，室韋。南方的蠻族有南詔，眞臘。這些蠻族，有的是爲唐朝征服，有的與唐朝和親，莫不依附大唐帝國，奉行唐朝的正朔。大唐帝國是東方的霸主，威望所播，波及於全世界，中華民族的人民得膺「唐人」的稱呼，也就可以證明大唐帝國威勢的廣大。造成大唐帝國的這樣威望，我們不能忘記唐太宗的雄才大略，我們也不能忘記侯君集李靖等的汗馬功勞。

唐朝最有勢力的異族，是突厥，吐蕃這二族是唐朝的兩大敵人。唐朝初葉是突厥爲患，中葉以後是吐蕃侵陵。東西突厥在隋文帝時本來已爲中國征服了，但經過隋末中國內部社會的紛擾，又慢慢强盛起來。隋末蜂起的羣雄，如竇建德，薛舉劉武周梁師都李軌王世充等，甚至唐高祖都曾向他稱臣。突厥的氣燄，實在有不可一世之概。唐高祖武德七年（六二四年）突利頡利兩可汗自原州入寇，侵擾關中，唐高祖竟欲遷都以避之。太宗不可，遂興討伐之師。貞觀三年（六二九年）命李靖李勣柴紹李道宗衞孝節薛萬徹爲六總管帥兵十萬，實行征伐。這一戰把突厥打得慘敗，生擒頡利，招降突利。突厥遂臣服於唐朝。到武后時，默啜稱可汗，侵害中國，到開元三年爲中國擊殺，勢力遂又衰微。這是東突厥對唐朝的鬥爭，西突厥則自始卽臣服於唐。

唐肅宗以後爲患最烈的是吐蕃。吐蕃本是西羌的種族，散處在河湟江岷間。武后時已經慢慢興盛起來，中宗神龍時曾以養女金城公主嫁之，中原安史亂時，吐蕃藉着中國內亂的機會，侵佔了陝甘數十州郡。至德以降，年年入侵。寶應元年（七六二年）陷臨洮，取秦成渭等州，三年又入大震關，取藍河鄯洮等州，隴右諸州之地都爲他侵佔了。又進圍涇州，破邠州，入奉天，又入長安。代宗離京逃到陝州。永泰年間，郭子儀借囘紇兵曾攻破吐蕃兵，首都的危機才得解除。唐德宗時與吐蕃定淸水之盟，劃定疆界，各不侵犯，以後才慢慢安靜下去。

我們看突厥吐蕃是唐朝的兩個大敵，但結果都被唐朝所征服或和好了。這是唐朝對外的赫赫的武功。不過，在武功的反面，我們還不要忘記唐朝以和平手段開發南蠻。在唐朝的史書上，從開國以來，有不少的開發南蠻的紀載。這在社會史上，我們可名之爲「唐代嶺南的開發」。中國的南方，始之以吳蜀的經營，終之以南宋的經營，才打下了今日繁盛的基礎。而唐代嶺南的開發，却是魏晉與南宋開發的橋梁。

安史亂後，唐朝的兵力不行了，內部控制力已比較鬆懈下去。安史亂時，江淮財富就不能暢順的運到關中。德宗以降，淮西藩鎮的跋扈，由運河所溝通的西北和東南的關係，也陷於斷絕。因爲這種理由，運河漫漫堙廢了，有時潰决而使淮泗一帶成爲極大的汚澤，既不能行船，亦不便陸運。運河的交通，本是中央政府支配地方的樞紐，也是中央政府保持統一局面的條件。如果我們不承認隋唐的統一是出於偶然，那我們只有承認隋唐的統一由於運河的開鑿和保持完好。如果我們不承認唐末五代的分裂是出於偶然，那我們只有承認那時分裂是由於運河的湮塞。我們不願空談運河對政局變動的重要，我們還要指出北宋之能統一，也還是由於運河的修復。有了周世宗數度修築汴河，才能有宋藝祖的統一局面。

唐末五代時期，這條運河是湮塞决裂的。據史書的描寫是「蘆葦阻途，汚泥滿路」。不僅河道湮塞，而沿岸的驛路也是爲汚澤所侵。這時的中原和江淮，簡直如同兩個世界，各不能侵犯。在黃河流域所看到的是干戈連年，民不聊生，藩鎮各據一個兵餉財源地而互相爭鬥。由唐末以至五代，這些重要的兵餉出產地，就是晉陽大名汴梁三個第二三等的都市。例如李克用，石敬塘，劉知遠都是藉着晉陽雄於中原。朱溫，郭威，趙匡胤都是藉着汴梁以稱霸。魏博節度使田氏一家數世割據大名，其勢咄咄逼人。京戲和崑曲的紅線盜盒一幕劇裏描寫田承嗣的勢力是夠威武的了。我們反看當時的江南，南唐和吳越，保境安民的政策，都收到很大的效果。南唐的富裕和吳的安靜，都是馳名當時的。新的詩詞之能特盛於南唐和浙江人士之對錢越武王的崇拜，決非偶然的。

江南雖然富庶而兵弱，中原的羣雄却不能越淮水一步，這是受汴梁湮塞的影響。因是，中原羣雄不能覬覦江南，而北方有力的異族也只能求控制黃河流域。契丹之控制黃河流域，也不是五代時期整個如此，它的控制也僅限於石晉一朝。

三、五代及北宋時期的契丹

契丹是東胡族的一種，居住鮮卑山屬近。這個民族的名稱，在元魏以前是不顯於史冊的。元魏時期才自號契丹。從此以後，慢慢强盛起來。到了唐與五代之交，契丹族出了一個雄武酋長，叫做阿保机，平定奚霫，親征突厥黨項，沙陀渤海諸部。又乘中國內亂，攻取蔚新武嬀儒五州，盡有代北河曲陰山之衆。統治區域達五千方里。朱温篡唐以後，中原接若藩鎮的內亂，又來了羣雄的角逐，沙陀部李克用父子以河東作根據地，與朱溫作王位的鬥爭。兩方面都想拉攏契丹作爲外助，因是契丹在英武酋長領導之下遂得坐大。梁唐的兵力還可以對付契丹，不致使他極端猖厥。到了石敬塘因爲和後唐末帝的私怨而反了後唐，不得不借助外力來對付自己的政府。他派遣親信桑維翰向契丹太宗求援，情願稱臣稱子並割燕雲十六州表示忠誠，契丹立石敬塘爲兒皇帝，這在中國史上開下傀儡國的惡例。給中華民族的輝煌歷史上留下不可洗滌的污點。

因爲石晉割讓燕雲十六州，使契丹得到伸張勢力於黃河流域的機會。石晉對契丹的辱國條件，又使契丹的兵力得以控制黃河流域。本來契丹從阿保機後，就慢慢漢化，棄帳幕而城居，捨畜牧而從事農耕，黃河流域的肥沃土地，正是給侵略者的引誘。契丹控制黃河流域就是爲的財富的榨取。北方中國的平野萬里，使北方蠻族的兵力容易馳騁。石敬塘死後，他的兒子晉出帝，對契丹情願稱孫而不稱臣，納幣割地都可照常，於是招引契丹的不滿。進兵汴京，消滅傀儡國的晉朝。在石晉一朝，契丹兵原很容易馳騁中原。到了劉知遠與郭威，漢族王朝的兵力比較大了，才阻止了契丹任意南下。周世宗時，契丹的國勢中衰，周朝的兵力轉强，遂以國內得勝之師轉向燕雲。顯德六年（九五九年）次第收復滄州，鄭州，瀛州，以益津關爲霸州，以瓦橋關爲雄州。以後中國與契丹的交界就在這裏。

北宋時期宋契丹兩國就是以雄州，霸州，易州爲界。北宋的重要的防禦工事就是雄州附近的塘泊與柳橋，塘泊是面地的湖沼，北宋政府每年要放水加大塘泊的面積，塘泊外邊遍植柳樹，以阻礙胡馬的奔馳。兩國在交戰時期，用這個塘泊爲重要防禦工事。在和平時期也是以這個塘泊加水添水的問題作爲設判的議題。

宋太祖代周以後，忙於國內的統一。他聽謀臣趙普的話，不先伐北漢，教他作爲契丹與宋的緩衝。因之，太祖一朝與契丹沒有發生什麼衝突。太宗卽位，旣平北漢，遂思乘機恢復燕雲，但兩次親征，俱告失敗。第一次在太平興國四年（九七九年），與遼兵戰於涿州高梁河，爲遼所敗，第二次在雍熙三年（九八六年），親率大軍分三路伐遼。一路是曹彬，由雄州取涿州，一路是潘美，由雁門取雲中。一路是田重進，由飛狐口取靈邱蔚州，約期共舉。潘美之師攻下寰朔雲應等州，田重進也取得靈邱蔚州及山後要害地，不幸曹彬到了涿州因糧餽不繼，軍心不齊，爲遼兵大敗，宋太宗的二次親征計劃也因此失敗。

太宗以後，宋卽不能進攻。接着太宗二次親征的失敗，遼聖宗舉兵侵犯邢深德等州，端拱元年（九八八年）又攻陷涿州，端拱二年又攻陷易州，至道元年（九九五年）又侵犯雄州。到了眞宗景德元年（一〇〇四年），遼聖宗大舉入寇，縱游騎掠深祈間，旣而圍瀛州，直犯貝魏，耀兵于河。內外的大臣，莫不驚懼，在朝廷倡遷都避寇」之議。王欽若是蘇州人，他勸眞宗遷都金陵。陳堯叟是四川人，他勸眞宗駕臨成都。朝議紛紜，惶惶不可終日。寇準力主眞宗親征，遂親赴澶州，軍心大振，遼兵未能渡河，澶淵之盟遂成。澶淵之盟兩國互相約爲兄弟之國，宋朝每年贈遼國幣三十萬。宋遼交戰的關係至此遂歸和好，但兩國的糾紛仍然不止。慶曆二年（一〇四二年）契丹屯兵境上，遣其臣蕭英劉六符來求關南地，以兵力威脅中國。宋朝遣富弼去質問，遂增歲幣銀絹十萬匹兩以和。神宗熙寧七年（一〇七四年）遼道宗以宋河東路沿邊增修戍壘起鋪舍爲口實，舉兵侵入蔚，應，朔三州界內，王安石以「將欲取之，必姑與之」的對策，喪地七百方里。宋遼的這樣關係直維持到宋金夾攻遼國的時候爲止。

四、女眞族的侵入與南宋的建國

宋與契丹對立之際，東胡中的女眞族又逐漸強大起來。女眞起於東北邊疆的一隅，吞併各小部落，又進而滅遼滅宋，女眞族出自靺鞨氏。五代時，契丹盡取渤海地，黑水靺鞨卽隸屬於契丹，號生女眞。生女眞地有混同江長白山，混同江亦號黑龍江。遼末政治腐敗，天祚帝荒淫無道，每歲買海東靑的使者，對女眞族部落需索甚苛，女眞不堪壓迫，其酋長阿骨打遂率部反抗。他連續打敗遼兵。阿骨打遂自稱尊號，建立大金國，與遼對峙。遼主本擬與金媾和，唯阿骨打不允，遼天祚帝遂於天慶五年（一一一五年）大舉親征。以阿不爲中國都統，耶律張家奴爲都監，率番漢兵十萬，以蕭奉先耶律章奴爲先鋒。餘分五部爲正軍。貴族子弟千人爲硬軍，扈從百司爲護衞軍。北出駝駱口，以蕭胡覩姑等出甯江州。自長春州分道而進，發數月糧，期必滅女眞。大軍行到中途，耶律章奴反，倉猝而歸，遂爲金兵所乘，以致潰敗。於是女眞族的勢力更加擴張，嗣後遼國屢想再伐皆未得逞，重和元年（一一一八年）金太祖與宋朝約兵攻遼，宋朝所要求的是滅遼以後，五代時期所陷入契丹的區域如燕雲等地歸還宋朝。金國的回書則說：「所請之地，今當與宋夾攻，得者有之」。宣和元年（一一一九年）宋又遣趙良嗣使金，議夾攻遼事。使金人取中京，宋朝取燕京。馬政又使於金，國書略曰：「兵圖問罪之師，誠意不渝，義當如約，已差童貫勒兵相應，彼此兵不得過關。（松亭關）歲幣依於契丹舊數。」。就是海上之盟。會盟規定以後，金國分兵三路攻遼，一路粘罕趨南嶠口，一路撻賴馸馬趨北牛口，一路金主親擒居庸關。宋朝則命童貫種師道等分路進攻，但皆爲遼所敗。一方面金國兵則連戰皆捷，直抵燕京，天祚出走，遼遂以亡。

宋金夾攻遼一役，宋兵毫無功績，金國不願如約。從這裏我們可以看出無實力而只求外援的危險。宋滅了遼國，却添了一個比遼更加兇惡的金國，這無異「前門驅狼，後門進虎。」一戰後，宋朝派遣使臣要求金國踐約，金國則以戰勝餘威，對宋朝要求的答覆是：

一、若必欲取營平灤三州，並燕京而不與。

二、燕京自我得之，則當歸我。

三、不然還我涿易舊疆。

宋自知力不能抗，終以還就成盟。此次盟約的重要條款如下：

一、先輸銀絹各二十萬匹。又別輸燕京代稅錢一百萬緡。

二、遣使賀金主生辰及正旦。

三、置榷場貿易。

約定始行交割燕京，這樣不和諧的踐約，又成了宋金相爭的伏線。

宋徽宗宣和七年，（一一二五）金人藉端侵宋，兵分兩路，幹離不出燕蘇，郭藥師降，作進攻汴京的嚮導。金兵由相州滑州，渡河薄汴京城下。靖康元年，（一一二六）京城被圍，朝臣中主和主戰的議論不定。李綱主張固守京師，等待各地勤王師齊集後與金人決戰。李邦彥張邦昌等主張和議，請朝廷能免李綱官職以謝金人，因此引起太學生的熱烈的愛國運動，陳東等伏闕上書，力請再用李綱以與金人決戰。勤王師雖然齊集了不少，但屢爲金兵所敗，議和派的大臣，氣燄復張，和議遂成。這次所約定的條款如下：

一、運輸金五百萬兩銀五千萬兩表段百萬匹牛馬萬頭。

二、尊金主爲伯父。

三、割太原中山河間三鎭。

四、以親王與宰相爲質。

爲履行這些條件，宋朝把民間的金銀寶貨統統搜括出來，以飽異族的慾壑。全軍心滿意足，飽載而歸。但是慾壑難塡，滿足了這個，滿足不了那個。粘罕聽說斡離不發了財，自已也要沾些光。

原來金兵入侵時，兵分兩路，斡離不爲東路，出燕薊攻汴京，粘罕將西路，領兵攻太原。因爲張孝純固守太原，粘罕攻打不下，又聞斡離不在汴京發了財，遂分兵前向汴京，宋朝以爲金朝不遵約定，又作戰守的準備，金兵遂藉口再行南侵。時爲靖康元年八月（西元一一二六年）。粘罕自雲中陷太原，繼陷平陽府，西京，河陽府，鄭州而圍汴京，斡離不自保州陷眞定，趨大名，渡江而圍汴京，斡兵臨城下，而宋朝主和主戰仍在議論紛紜，時而徵集勤王師齊向京師，時而令來到京師的勤王師重返故地。戰守之備一點也談不到，或和或戰一時也難決定。於是金兵攻陷汴京，俘擄徽欽二帝北去，汴京的子女玉帛都被金兵捆載而歸。漢族政府亡國之慘除去晉愍帝青衣行酒的亡國大恥以外，幾無以倫比。宋朝的宗室后妃都被金兵擄去作奴隸作妻妾，徽欽二帝也在異域受了十年或三十年的痛苦，黯然的死去。以漢族皇帝的堂堂之尊，終不免服從異族的風俗而行火葬天祭。這些慘痛的紀載，現在都還遺留在宋人，金人的筆記中，作爲我們悲慘的借照。

金兵擄徽欽二帝北去，立張邦昌爲楚帝。宋朝康王趙構在相州啓立河北兵馬大元帥府，代理軍政。因爲相州處在金兵夾攻之中，由相州移大名府，又移濟州。在濟州卽帝位，改元建炎，時爲西歷一一二七年。這是南宋年號的開始。宋朝以內政的紛亂，兵力的衰弱，在黃河流域終覓站不住脚，高宗决意走避江南，懷恢復志願的大臣不願朝廷丟却數世建業的北方，去到江南偏安一隅。李綱請到關中去建都，他的奏疏說：

車駕巡幸之所，關中爲止，襄陽次之，建康爲下。陛下縱不能行上策，猶當且適襄鄧，示不忘故都，以係天下之心。不然，中原非復我有。……蓋天下精兵建馬，皆在西北，一旦委中原而棄之，……金人將乘間以擾內地。……第恐一失中原，則東南不能必其無事，雖欲退保一隅，不易得也。（宋史三五八李綱傳）

宗澤請重囘舊都汴京。高宗皆不聽，乃南去揚州，又渡江至鎮江。金兵乘勢追襲，河東，河北，山東等地遂告淪陷，江淮一帶也不免金兵燒殺擄掠之苦。這是建炎三年（一一三九）前的情况。這時宋金的國境，在東方是以淮水爲界，在西方則以潼關，黃河爲界。

建炎三年，金兵第三次侵宋。這次更來得兇些，西面派將經略陝甘，把張浚打敗而佔了甘肅，進而窺視西蜀。東面兀朮領兵越江淮，直追到宋朝皇帝的所在地。

渡淮以後，又分爲兩路；一自滁州，和州攻江東，一自蘄州，黃州攻江西。江西一路攻陷了吉州，撫州，袁州，把隆裕太后逼得跑到福建，江東路攻陷了建康，臨安，越州，明州，逼得宋高宗浮海到台州溫州。金兵大掠江南各富庶州縣，韓世忠的車隊扼守長江，但不能阻檔金兵的北歸。政府的淩亂狼狽，眞可痛心。而諸將的擁兵自衞，不敢與敵人決戰，也給予我們軍權不統一有害民族抗戰的充分敎訓。

紹興四年，（一一三四）金兵作第四次南侵。先是金兵第三次南侵，佔據中原之地，立劉豫爲齊帝，作爲傀儡，以統治佔領區域，到紹興三年，劉豫所收附的盜賊李成攻陷鄧隨等州，他的兒子劉麟，劉貌也率兵攻打江淮區域。傀儡兵到底無用，劉豫雖擁有十萬大兵，都爲宋將所擊敗，劉豫出兵不利，還得向他的主子，乞求援兵，紹興四年，金主派遣窩里嗢，撻懶兩人率領渤海漢人軍五萬援助劉豫。金兀朮是侵犯江南的老手，金主命他爲先鋒，與劉豫兵合股南侵。宋朝的國家元氣，因爲幾年來的內部整理，漸漸滋榮增長，千征百戰又訓練出來一些能征善戰的將士。

這次宋高宗有了勇氣下詔親征，討伐傀儡劉豫，命韓世忠，張浚，劉光世等分屯于江淮重鎮。韓世忠與金兵戰于大儀，大敗金兵，生擒金將撻孛也，所遣別將董畋在天長縣的鴉口也把金兵打敗。這次勝仗，在歷史上播下了「背嵬軍」的威名。金兵為傀儡吃了敗仗，自已覺得不合算，悄然引兵返國去了。金兵既退，宋朝命張浚屯盱眙，韓世宗屯楚州，劉光世屯合肥，岳飛屯襄陽，把各路進犯的傀儡兵都打敗下去。紹興七年，（一一七三）劉豫再向金朝乞師，金主看出劉豫是個無用的奴才，就不客氣的把他廢除。這時金國無意南侵，宋朝也無意北伐，在短期間內，宋金和議成立。紹興八年高宗定都臨安，南宋建國的基礎才比較鞏固起來。

金兵的第五次南侵，在紹興十年和十一年。金朝撻懶死後，兀朮秉政，對於和議一事不願續繼，乃分兵四路侵宋。一路出山東，一路出陝西，一路出河南，一路兀朮自將精兵十萬攻陷汴京（紹興九年宋金訂約以陝西河南失地歸宋）。在朱仙鎮為岳飛大敗。陝西一路亦為吳憐所敗。兩路金兵皆敗，紹興十一年（一一四一）遂再度南犯，攻陷蘄春，滁州，亳州，廬州，和州，至柘皋又為劉錡所敗。金兵敗退，和議又起，和議由秦檜主之，其所訂條件如下：

一、宋稱臣奉表于金，金册宋主為皇帝。

二、岁貢銀絹各二十五萬。

三、東以淮水西以大散關為界

四、割唐鄧二州及商秦之半以畀金。

和約成後，宋金以淮水及唐鄧兩州為界。宋朝主和主戰兩派起了劇烈的鬥爭。秦檜幇助宋高宗收回韓世忠，張浚，劉光世的兵權，把主戰最力的岳飛殺了。這種私權的鬥爭，給予民族抗戰以惡劣的影響。從此，金既無力南侵，宋朝亦甘心偏安，遂形成金宋對峙的形勢，大體上說相安百年，終於為蒙古次第征服。

第四章 蒙古的侵入

一、中原義軍的興起與宋金對立的形勢

宋對金的戰爭，經過黃天蕩，大儀鎮，朱仙鎮，采石磯的勝仗，南宋偏安之局才得以維持。在這些勝仗中，我們不能忘記的是中原義軍對金兵的牽制。自從靖康遭難以後，直到宋高宗放棄了恢復大計之時，中原的義軍時時在與統治的異族艱苦鬥爭。義軍的名稱、史書上留給我們的有民兵、義軍、勤王兵、忠義士、忠義巡禮。他們佔據的區域、散佈在中原各地，最著名的有山東，河北，河東的民兵，太行山的忠義山水砦。靖康二年（一一二七）宗澤曾爲河北義軍都總官，紹興三年（一一三三）又有登業山砦統制范溫率部泛海來歸的紀錄。宋史宗澤傳許翰傳都說過河北山東的盜賊，多以義師爲名。岳飛傳牛臯傳又詳細敘述了太行山義軍的情形。在靖康建炎年間，能號召河北河東的義軍的，要算宗澤王彥張所等人，宗澤是曾經據形勢，立堅壁廿四所於城外，沿河鱗次爲連珠砦，連結河北河東山水砦忠義名兵。建炎年間山東擁衆數十萬的以「勤王爲名的」大盜，皆「願得張所爲帥」。兩河義軍首領傅選孟德等皆願受王彥的約束。在紹興年間，最有號召力量的要算岳飛，李寶，魏勝。魏勝佔據海州一帶，旗幟上寫着「山東魏勝」，金兵望見就怕的飛砲。紹興年間李寶攻打山東，深得這枝義軍的助力。太行山的忠義山水砦都服岳飛指揮，這枝義軍的聲勢，未嘗不是鼓起岳飛北伐雄心的因子。岳飛的幾次北伐，在遣正規軍以外，每每差遣梁興與太行山義軍聯絡，河北河東的豪傑及山砦領袖都是「歛兵固保，以待王師」。一部份領袖如李通，李保，孫琪等又率衆來歸，中原山川的險要和金人的企圖都曉得清清楚楚。磁，相，開，德，澤，潞，絳，晉，汾，隰等的義軍都待機而動，與官軍會合。這些義軍所打的旗幟，上面都繡着一個「岳」字，表示受岳飛的指揮。中原的百姓都有力的出力有粮的出粮來餽養義軍，「頂盆焚香迎候」的充滿道路。從燕京以南，漢族的同胞都揚起了義勇之旗，聲勢浩大，使女眞的命令不能施行。在紹興十一年前，南宋諸將張，韓，劉，岳都還沒有放棄兵權，政府的政策也還在和戰不定，中原的義軍是到處蜂起，待機而動，南宋的諸將也都是不抱雄心，有恢復中原之志。兩位最堪尊敬民族英雄——宗澤岳飛更是專心致慮的保持北宋的舊有河山。

宗澤之主張不遷都，岳飛之主張北伐，是同樣重要的兩件大事，不幸前者爲黃潛善所破壞，後者爲秦檜所破壞，使這兩位英雄的事業都付諸流水。而這兩位英雄的雄心，都是受着北方義軍的鼓勵。

紹興十一年，秦檜主持的和議告成，岳飛成了和議的犧牲品。南宋政府對待女眞，是小心翼翼，恐怕出事，招降納叛的事情，一樣也不敢做，主張用兵的大臣，貶降在謫配之列。於是，中原的義軍慢慢消沈下去，南宋政府欲恢復已失的疆土從此也就望絕了。

上邊說過，女眞的無力南侵，南宋的甘心偏安，兩種情勢造出宋金的對峙形勢。宋金的對峙，從西元十二世紀五十年代開始直到十三世紀八十年代，維持一百三十年之久。在這期間，因爲女眞族的漢化加深，武力隨之削弱，南宋國內忙於黨爭的糾紛，相爭于廟堂或是山洞之間，不管民族的危亡，所以兩國的大體情形還算相安，成了對峙之勢。在這對峙期間曾有兩次戰爭，一次是采石之戰，一次是韓侂冑的北伐。

采石之戰，關係南宋的建國頗大。金主亮即位後，遷都汴京，想着統一中國，傾全國的兵力，要一舉而下江南。這一戰，如果南宋抵禦不住，南宋的天下不待滅於蒙古，早已亡於女眞。但是，女眞這次南侵，雖然是聲勢浩大，究竟因爲漢化過深，內政與兵制方面都已腐敗，他的聲勢，不過是外强中乾的紙老虎，只要遇到比較頑固的抵抗，自然要瓦解起來。南宋以采石之勝，一面是由于破釜沉舟的幹法，一面也是由于女眞內部組織的解體，南宋之不亡，未常不可以說是天幸。

紹興三十一年（西元一一六一年）金主亮分兵四路侵宋。一路由金主自將三十二總管兵出壽春，攻揚州。一路令蘇保衡爲浙東北軍都統制，由海邊直搗臨安。一路令劉蕚爲漢南道行營兵馬都統制，自蔡州進窺鄂蘄。一路令徒丹合嘉爲西蜀道行營兵馬都統制，由鳳翔取散關進窺四川。南宋到這時候，有經驗的軍人，已經死的死，老的老，二十年晏安的結果，兵士也非常散漫。不僅無可用之將，也無可戰之兵。不得已以劉錡爲各路軍的統帥，引兵屯淮南一帶，大將王權不服指揮，大軍不戰而潰，金兵隨之佔據兩淮，兵臨采石。戰敗的宋軍已三五星散，丟盔撩甲，這時可巧宋高宗的犒軍使臣虞允文到了，把諸將士激勵一番，收集殘兵，與金兵作最後一拚。這一拚，把金兵擊潰，金朝起了內亂，金主亮在揚州被弒。金兵北還，宋軍乘機收後兩淮，海，泗諸州郡，又取唐，鄧，陳，蔡，陝西方面又取得秦隴商虢諸州。南宋的聲勢又壯大起來。紹興三十二年（一一六二），宋高宗傳位於孝宗，孝宗本是主戰派的人物，即位以後，即起用張浚，志圖恢復中原，不幸隆興元年（西元一一六三年）張浚北伐失敗，和議又起。隆興二年和議成立，這次議和條件比較以前的略爲好些，彊界如舊，歲幣銀絹各減五萬兩匹，上女眞主的表或是女眞主頒發的詔都改爲對幷的國書，到這時宋金在外交上才算立于平等的地位。

開禧二年（西元一二〇六年）的對金用兵，本是韓陀胄欲建立邊功以壓迫國內反對派的舉動，南宋政府本來就沒有恢復中原的預備。旣然是以兒戲起釁，也是以兒戲媾和，南宋朝野人士的玩弄國事，實給中華民族史上染下一大汚點。韓陀胄伐金之意起于開禧元年（一二〇五），是時金章宗在位，韃靼等部落叛變，連年用兵，金朝的國力已經削弱不少，如果南宋能以精銳之師，嚴整討伐衰老的女眞，未嘗不是恢復中原的良機。但是，這時南宋的統帥韓陀胄本是陷佞小人，將兵又是無用的將兵，戰爭一起，還經不起衰老的金兵一擊。宋兵連戰連敗，朝內主和派的勢力抬頭，開禧三年史彌遠殺了韓陀胄，把首級送到金國，作爲議和的禮品，和議遂成。這次和議的重要條款如下。

一、兩國彊界如前。

二、增歲幣爲銀絹各卅萬兩匹。

三、宋與金犒軍銀三百萬兩，金以所佔地歸宋。

經過這次戰事以後，南宋的國力更爲不振，金國的兵力也只是僅能自守。直到蒙古聯宋滅金的時候，宋金兩國都能相安無事。

二、金之滅亡與蒙古滅宋

北方民族入侵中原，大抵有兩個路線，一個是由東北方從居庸關，山海關等長城缺口經過河北省，直接控制中原；一個是由西北方，先經陝西山西，從黃河上流控制中原，從歷史上講，後者的事實，要比前者多些。就拿女眞，蒙古的入侵說，都是先侵略山西陝西而後才下中原的。這是北方勢力侵入中原的一個戰略，西北居高臨下，在地形佔着有利的地位。

大金國末年，軍事的腐敗伴隨着政治的腐敗，外侮一天一天的緊急，社會的矛盾也是一天一天的尖銳起來。所統治的北方異族中，掘起了蒙古部族，這個新興的勢力如同過去女眞族對付契丹一樣，不願受女眞族的統治而反叛起來。金朝大安二年（一二一〇年），蒙古遣兵入金朝的西北邊，佔領金東京，宣德府，德興府，涿州，昌州，攻入居庸關，大掠而去。金宣宗貞祐元年，（一二一三）蒙古又發兵三路侵入河北等地，一路以朮赤爲右軍，循太行山南進，破保州，中山，邢，洺，磁，相，衞輝，懷孟諸郡，經抵黃河，一路以哈撒兒爲左軍攻佔欒薊一帶，一路由成吉思汗帶領皇子拖雷爲中軍，破雄莫青滄景獻河間濱棣治南等郡。現在河北省的全部山東河南省的北部都被蒙古兵刼掠了。河北山東一帶經過這次的戰爭，社會經濟業已殘破，金宣宗遂由燕京遷都汴京，作爲偏安之計。

金朝自宣宗以後，簡直是內憂外患交迫並至，外邊是蒙古族的強隣壓境，裏邊是民族鬥爭與人民暴動相繼發生。被征服的契丹族，這時也揭起了反叛旗，攻取遼東州郡，自稱遼王，被征服的華人，這時也是到處暴動，反抗金朝，結合宋朝，常有整村的人民南去充當宋朝的兵士。這時民衆暴動實在與民族鬥爭分不開，金國境內的人民暴動都含着民族解放的意義。民衆暴動制了金朝的死命。起先是紅襖賊，花帽軍，黑旗賊盤据山東和淮海一帶，尤以紅襖賊擾亂的區域爲廣。從歷史的紀錄中，我們知道紅襖賊曾盤据淮海，擾亂蒙城，永城，曹州，聊城，德州，樂陵以及河北省的南部。這時候宋金是在唐鄧和淮水一線上對峙，蒙古與金是在山陝的黃河線上對峙，河北一帶是歸招降的盜賊民團爲民兵，董[illegible]，王福等盤據，金朝的天下僅局促于河南[illegible]省，還有川，金人都看這一方面的敵人，實在應付不了河北·河東，河東的民衆區爲逆兵[illegible]民[illegible]的逃到河南安全地帶，河北河東山東的軍戶也因爲戰[illegible]的給[illegible]，[illegible]又集到河南一帶，金人爲[illegible]搭這些難民和退兵，實在是後方很大的負担，救濟的辦法究竟[illegible]事實的限制的。所以，接着山東河北的暴動，河南又到處起了暴動。河南的軍民的暴動，才走後制了金朝的死命。

金朝末年的社會矛盾，發展到不可救治的地步，含有民族鬥爭性的人民暴動，一方面是要打倒統治的異族，而另一方面却又擾亂了社會秩序，侵害了私有財產。人民反抗異族的統治暴動，不免又引起土豪家族的抵抗。這時盜賊最多的區域是山東河北，而這時土豪家族的自報也以山東，河北爲[illegible]。如保定引唐的邸順，大名南樂的楊鐵倉五珍，派州範陽的[illegible]子良，紫荊[illegible]的趙柔真定藁城的王善，洛南歷城的張榮，義州的[illegible]，這一類的强兵領袖是很多的。是著名的要算河北史姓大宗族所結合的團體，叫做樂淸社，他們的領袖叫做史天倪，在河北一帶共有四十餘社。蒙古兵木華黎進攻中原的時候，史天倪組織壯勇萬人，號稱樂淸軍，爲蒙古兵的先鋒。號召三河，薊州一帶固堡自守的大族都歸降了蒙古。這是在社會矛盾發展的時候，金朝政府爲了維持治安，招降了一些盜賊，而土豪大族却爲了對付盜賊，結合外兵，來推倒政府。女眞族的政府就在這樣的社會矛盾與民族戰爭中消逝了。

金國遷都以後，僅能劃河自守，凡大河以北，東至於山東，西至於關陜，大都陷落於蒙古族之手。金國的兵民都集中在河南，兵餉既成問題，糧食也不足用。南宋趁金朝衰危之際，把輸給的歲幣也停止了，金國遂藉這個口實，興兵伐宋，北方既抵禦不住強盛的蒙古族，也只有向微弱的南方擴張領土。金國對宋用兵，雖然是有勝利的把握，究竟不能越過長江，不過只在維潁一帶來往的爭奪。而在這時候又與西夏開釁，兵連禍結，女眞族的實力更爲消耗不少。西元一二三二年蒙古約宋共伐金，約滅金以後，把河南地歸宋。相約既定，宋遣孟珙等率兵攻金，金主由汴京逃歸德，又由歸德入蔡州，蒙古與宋合攻蔡州，金朝滅亡，時爲西元一二三四年。

蒙古族就是韃靼族，住在貝加爾湖以南的地方，包含很多的氏族。他們分散在吉打河，色楞格河，土拉河，斡難河，克魯倫河的區域，到西元十二世紀的中葉慢慢強盛起來。也速該兼併了附近的小部落，他的兒子鐵木眞，就是世界上著名的成吉思汗，繼承父業，掃平諸部，把北方沙漠之地的民族統一起來，又進兵滅了西夏。蒙古太宗窩闊台，又與南宋夾攻滅金。金國滅後，宋元兩國接境，同時也就是宋元衝突的開始。宋乘金國滅亡之際，議舉兵收復三京，以趙范爲東京留守，趙葵爲南京留守，全子才爲西京留守。可惜宋兵太不中用了，遇蒙古兵即大潰，三京沒有收後，反給蒙古以內侵口實。宋朝敗盟，蒙古遣使詰責，端平二年（西元一二三五年）蒙古分兵入侵，一路攻四川，一路攻襄鄧。這次入侵，雖因蒙古經略西域高麗，使孟珙得以恢復四川與襄鄧的失地。而此後連年入侵，宋朝的領域日益蹙小，宋朝的國力，也日就衰亡，等到蒙古族把中央亞細亞西部亞細亞，印度以及歐洲踐踏以後，才一舉而亡中國。

南宋初期對付女眞族已是勉强應付了，內有韓，張，岳，劉等名將的支持，外有中原義軍的響應，才勉强維持對立的局面，衰微的南宋末期，君昏臣庸，怎能抵禦新興的蒙古。所以南宋一與蒙古接境，就是敗退局面的開始。端平二年宋元開釁以後，嘉禧二年（西元一二三八年）蒙古兵圍廬州，三年破成都，淳祐元年（西元一二四一年）陷成都，二年渡淮入揚，滁，和州，五年又掠淮西，六年侵黄州，十二年入嘉定，這幾次的侵入，都是刼掠而去，並未實行佔領。西元一二五八年，蒙古兵又分三道入侵，一路由隴州入散關，窺四川，由蒙古帝親統。一路由祥州入倉米關，由雲南入交趾，攻廣西，破湖南，由兀良哈台率領。一路由漁關入沔州，由忽必烈率領。忽必烈軍攻破合州，進抵鄂州，南宋命賈似道抵禦。賈似道是南宋末年弄權的奸相，沒有禦敵的勇氣，想着與蒙古和議，維持偏安的局面。恰巧蒙古帝憲宗死，因爲繼立的問題，忽必烈急欲北歸，賈似道遂藉這個機會，請求和議，答應宋朝向蒙古稱臣並獻納歲幣。這是賈似道秘密作的，宋朝君臣並不知道。蒙古兵退了，賈似道偽造捷報，說是把蒙古兵打退了，還要論功行賞，他的胆子眞不小，敢作這樣欺君悞國的大事。

忽必烈歸至開平，於西元一二六〇年卽皇帝位。遣郝經爲國信使，表達和好之意，並索取賈似道所允許的歲幣。賈似道恐怕稱臣乞和的秘密洩露，爲公議所不許，竟把蒙古使臣拘留。元世祖遂藉這個口實宣言南侵。至元四年（西元一二六七年）所開始的南侵，到至元十六年始告成功，宋朝滅亡，元朝帝國建立於中國的領域。

蒙古滅金的戰略是對敵軍合圍，如獵禽獸，幾路包圍汴京，歸德，蔡州。這種戰略在山陵地帶是無大效的。元朝滅宋的戰略，是先攻鄂州，佔領長江中流，再沿江取建康取臨安。這個戰略並不是始自元世祖，西晉滅吳，王濬率水師由蜀下建康，降孫皓。隋朝滅陳，楊素率水師由鄂下建康，降陳後主。元世祖滅宋也是取了這個戰略。至元四年，元遣劉整入寇襄陽，五年阿朮圍襄陽，六年史天澤益兵圍襄陽，九年陷樊城，降襄陽，十一年取鄂州，宋朝諸將皆降。至元十一年（西元一二七四年）元兵既佔據了是江上游，由襄陽會師，外兵三道伐宋，入淮取萬州，一路趨郢，一路往荆南。三路兵都是所向無敵，賈似道帶領號稱百萬的大兵沿江抵禦，軍心潰亂，不戰而散，元兵佔據了江東諸都，淮西和[illegible]州也落在元兵之手。至元十二年元兵會師與建康，由建康又分一路取年宋的首都臨安，一路自廣德，泗安以出獨松嶺，這一枝有同[illegible]罕率領，一路是董炳文來舟師循海趨許浦·澉浦以至浙江，一路是出常州，嘉興趨臨安，作爲中路指揮諸軍，這一枝兵由伯顏阿塔海率領。至元十三年元兵入臨安，皇帝及黃太后被據北去，宋昰帝昺相繼在福州及廣州即帝位，元兵節節進迫，宋朝君臣走投無路，陸秀夫負帝昺投海，張世傑溺死，文天祥被擄不屈而死。南宋西元一二七五年才算正式滅亡了。

三、元朝的統治與民族革命運動的爆發

異族侵入中國後的統治政策，不外是殘殺，懷柔，鎮壓，防範。殘殺立威，懷柔施惠，而終不免心懷猜疑，一而鎮壓，一而防範。我們漢族會有一句說韃族根性的話，說是「非我族類，其心必異」。徵服的暴族留給我們漢族也是這樣的歧視。蒙古兵侵入中原的時候，就是無分殘殺漢人，任意逮捕漢人除外，就是任意殺害。後來聽了耶律楚材的話，才拋棄了殘殺政策，而施用懷柔政策，但是元世祖統一中國，所定的一些法制，對被徵服的民族仍然采取嚴厲防範的態度。把被徵服的民族在待遇上分為極繁雜的層次，使他們變有共同的利害，以防止他們的聯合。我們知道：元朝待遇各民族有三個等次，第一個是蒙古族，這是徵服的集團，可以享受一切的特權。第二個是色目人，這是助蒙古族征服歐亞兩洲的民族集團，裏邊包括二十種上下的民族，都是中國西北方的民族，北方則包含乃蠻，禿八，哈剌魯。中部則包含雍古歹，唐兀，甘木魯，撥斯兒，南方則包含禿魯歹，乞失迷兒，西方則包含阿速，欽察，康里。第三個是漢人，包括十來種民族，主要的是契丹，高麗，女眞，勃海遺人，漢人又可分兩種：曾在金朝統治下北方漢人統稱漢人人，在南宋統治下的人民又通稱南人。漢人，南人之分，是以宋金疆域爲斷，江浙，湖廣，江西三行省爲南人，河南的江北，淮南諸路也是南人。分這些等次的民族，在待遇上都是不一律的，在官吏的任用上，蒙古族有優先權，在法律上蒙古族也享受一些特權。對待漢人，尤其南人，防備的無微不至，漢人幫助蒙古有功的大將如董炳文史天澤，張弘範等，到統一中國以後均被解去兵職，漢人三品官以上，仍須派遣自己的親人侍奉皇帝作爲質子。不許漢人南人携帶兵器，不許漢人管理兵器。對漢族青年婦女有組織的奸淫，編二十家爲一甲，以蒙族人作甲主，這二十家的一切的一切，都儘着這異族的甲主去享受。此外，還定出侮辱儒者的辦法，强分人民爲十級，即：一官，二吏，三僧，四道，五醫，六工，七匠，八娼，九儒，十丐，把儒人放在娼妓的下邊。這種對被征服民族的歧視，同時就是對被征服民族的防範的表現。元朝末年，各地人民起了暴動，蒙古族大臣竟然提議把漢族人數最多的族姓張，王，李，趙，劉全數殺掉，這樣猜忌防範是多麼殘忍呵。

元朝八十年殘酷的統治，漢族再也忍受不下去。在元朝開國的短短十年中就有二百餘次的反抗暴動。在異族暴力壓迫之下，漢族把革命種子遍佈在宗教與各秘密團體之中。終于蘊釀爆發了十四世紀中葉的大暴動，這些暴動都是有民族革命的意義。以白蓮教會爲中心的暴動，聲勢最大。欒城人韓山童，自祖父以白蓮教會燒香聚衆，山童深唱言「彌勒下生，天下當亂」。彌勒教本是正統佛教的異端，反抗統治的暴動，往往藉助宗教的名號。西元一三五一年韓山童被立爲主，徒衆蔓延河南江淮。山童爲官軍捕殺，他的兒子韓林兒逃到武昌。一三五五年黨徒劉福通等率衆破羅山，舞陽，葉縣及汝寧，光息等府州，迎林兒爲帝，詭稱爲宋徽宗第九世孫。一三五八年以後，分兵破晉冀，入陝西，據山東。又有芝麻李者，一三五一年與趙均用，彭早住等燒香聚衆，攻陷徐州。同時郭子興也聚衆破徐州，歸附於趙彭一股；後來分裂爲二，郭取徐州，趙走山東，併山東毛貴的隊伍，遂據益都。又有劉陽人徐和尚者，聚衆立布販徐壽輝爲主，以紅巾爲號，據蘄水，陷黃州，略徽饒，入杭湖。壽輝部將沔陽漁户陳友諒陷安鹿，破龍與路，壽輝部將黃院漁户倪文俊據武昌漢陽，入荊鄂澤岳及湖南諸府。[illegible]方國珍佔據浙閩一帶，陳友諒佔領福建八郡。因窮爲僧又被寺主驅逐的朱 璋，不是郭子與的部下，佔徐州，取和州、蘇州，建康，削滅了蜂起的群雄，終于顛覆了暴族統治的明朝政府。蒙古族的政權是在漢族的背遍暴動反抗中顛覆的。

第五章　滿清的入關

一、明末的政治邊防與農民暴動

滿清之能滅亡明朝，徵服中國，我們是要從明清社會政治各方面的發展中找解釋的。沒有滿族自身的發展，社會政治的進步，固然不能夠滅亡中國，沒有明朝政治的腐敗，社會經濟的破壞，邊防的腐敗，農民暴動的興起，即便有滿清的强盛，中國也不會亡國。

明朝中葉以後，政治即漸漸腐敗，這腐敗，宦官專政是一個重要原因。

明太祖朱元璋得天下之後，看到前代多因重臣專權，皇帝大權旁落而亡國，遂廢除丞相制度，分設六部，掌管國家庶政，另外改中書省爲內閣，置大學士，然其位也不過五品，比起前朝丞相的地位，差的太遠了。

不要綜攬國政的丞相，必須皇帝能「獨運大權，以理萬機」。但明朝的皇帝，除開國的幾代外，中葉以後的皇帝，多是深居皇宮，幾十年不與朝臣見面。如憲宗在位二十三年，只成化七年與朝臣見過一次。孝宗弘治十年，與大臣議事，舉朝稱慶。從此以後，一至於天啓，凡一百六七十年，歷五六個皇帝，君臣之間，很少見面的機會。大權在皇帝，而皇帝不能自己運用大權，國家大權，殘於最與皇帝接近的宦官們手中。明太祖雖鑑於古來宦官竊權之禍，懸鐵牌於宮門，以禁止宦官干政，但中國四千年的歷史上，宦官之禍，從來沒有過於明朝的。像我們所知道的，武宗時代的劉瑾，熹宗時代的魏忠賢，皆專權弄政，排除有能力的幹臣，引用些小人，使政治日趨腐敗，熹宗時魏忠賢與東林黨作對，東林黨的人物如楊漣，左光斗，魏大中等都是一代有用的功臣，皆爲魏息賢所殺。宦官時代，帝國政權的維持，吏治澄清與否，有極大的關係。假如好人能在位，政治修明，便能調和或減輕社會矛盾，如若執政的不好，便一定排除好人，便同反確切政治腐化，政治腐化的結果，又加强加速社會矛盾的激發，要招致一次政權的變移。中國歷朝的更替，多半都是這種樣式，明朝又何能除外。

明朝中葉以後，跟隨着政治腐化，國家財政亦隨着破産了。同時國家的費用却大爲增加，萬歷年間，寧可用兵，費帑金二百餘萬，朝鮮用兵，前後八年，費帑金七百餘萬，播州用兵，亦費帑二三百萬，三大征戰接踵而來，於是國用大匱，二十四年乾清坤寧兩宮火炎被燒，二十五年，皇極建極中極三殿又失火，營造之資。國用既然不足，這不得不增加稅收，取用於民。據萬歷二十七年，吏部侍郎馮琦上疏說：「此來天下賦額，在二十年前十增其用，而民戶蔭營者則十減其五，東征西伐，蕭然苦兵。」二十九年，巡在應跟隨奏已說：「頻年進剿，屢興征伐之師，按丁增調，履畝加租，賦額溢二十年前，不管倚之，」可是正稅已比前朝爲重。然而這時言民慘苦，國家所以滅亡最大的還不在正稅的增加，而是所謂礦稅的徵收，與中監們的暴虐無法。

明朝的開礦，初年與中葉，是時開時禁的，到神宗時候，因爲用度不足，遂大開礦禁。于是，開礦者競走闕下，皇帝命中官與言者偕往，礦使這佈滿天下。据史書的記載，在昌平的有王忠，昌黎遷安有田進，真保薊永有王亮，浙江則曹金劉忠，陝西則趙欽，山西則張忠，河南則魯坤，廣東則李奉李敬，雲南則楊榮，遼東則高淮，江西則潘相，福建則高淮，湖北則陳奉，山東則陳增，四川則邱乘雲，廣西則沈永壽。這些太監們，到處搜括，勒索敲詐，奸淫擄掠！無所不爲。其中尤以陳奉高淮陳增爲最，陳奉在湖北，「名託巡歷，鞭笞官史，剽劫行旅，商民恨之刺骨。」「嚇詐官民，僭稱千歲，其黨至直入民家，奸淫婦女，或掠入稅監署中。」高淮在遼東，也是敲詐民戶，奸淫婦女，甚至公開搶人的家財，非刑拷打，勒索錢財。因之稅監之橫行不法，人民忍無可忍，爲了反抗這種搔擾壓迫，到處激起民變，有的便轉爲盜賊。如武昌漢陽民變，打傷陳奉，士民萬餘人欲與奉同死。陳奉去荆州稅礦，荆州數千人譟於途，競擲瓦石擊之。漢口黃州湘潭相繼發生民變，幾成大亂。雲南越騰民變，焚燒稅廠，殺死楊榮委官數人。江西浮良景德鎮民變，亦焚燒稅廠。遼東民變，高淮幾乎喪命，馬堂在臨淸，中人之家，破者大半，遠近爲罷市，州民萬餘，譟而逐堂，縱火焚其署，斃其黨三十七人。總之，稅監所到之處，人民不堪其剝削壓迫，無不激起民變，以上不過略舉幾例。

政治的腐敗，賦役的增加，礦監之搔擾掠奪，社會矛盾已逐漸暴露，天下亂像已見。有識之士，已經看出這種危機，萬歷二十七年，楊天民上言：「今虎狼之使，吞噬無窮，狗鼠之徒，攘敓難厭，不市而徵稅，無礦而誅銀，甚且毀廬壞冢，籍人貲產，非法行刑，自大吏至守令，每被譴逐，郡邑不肯者，反助虐交歡，藉潤私橐，噭噭之衆，益無所歸命，懷樂禍心，有土崩之勢。」馮琦上疏也說：「自礦稅使出，而民間之苦更甚，加以水旱蝗災，流離載道，畿輔近地，盜賊公行，此非細故也。諸中使銜命而出，所隨奸徒．動以千百，陛下欲通商而彼專困商，陛下欲愛民而彼專害民，……運機如鬼蜮，取材盡錙銖，遠近同嗟，貧富交困，貧者無儲蓄，惟恃經營，但奪其數錢之利，已絕其一日之生。至於富民，更蒙毒害，或陷以漏稅竊礦，或誣以販鹽盜木……小民累足屏息，無地得容，利歸群奸，怨萃朝宁，夫以刺骨之窮，抱傷心之痛，一呼則易動，一動則難安，今猶承平，民已洶洶，脫有風塵之警，天下誰可保信者。」神宗時代政治慢慢腐化，熹宗時代魏忠賢專政，國家政治更壞，雖有崇禎的勵精圖治，然敗勢已成，終無可挽救了。

伴隨政治的腐化與財政的破產，國防也破壞了。明初，為了防備女眞韃靼等族的騷擾，在遼東，薊州，宣府，大同，榆林，寧夏，甘肅，太原，固原設重兵防守。謂之九邊。設屯田兵戍守。成祖以後，屯田兵的雜役繁重，邊境屯田慢慢破壞，因之邊防也漸漸鬆弛了。太祖注意邊防、分封諸子，皆預軍務，如燕王棣晉王棡在北方，軍隊悉歸他們節制。所以邊防極固，成祖篡位以後，削弱諸藩，也是邊防鬆弱的一個原因。中葉以後，宦閹專權，更不能容納有能幹的人在朝。明末邊防上的幾個人物，如熊廷弼孫承宗都是極能幹的人，熊廷弼因爲得罪魏忠賢，遂被評死，孫承宗因開罪忠賢，不得終於位而去。遼東接壤滿清，這時，清兵的勢力已漸漸強大。在國防上，遼東已佔極重要的地位，然而明末遼東的一般社會情形，人民生活，都是困苦不堪言狀，高淮的搔擾搜括更過於關內各地，邊防上的軍隊，只是些老弱殘兵。因爲生活的困苦，政治的腐敗，大家都無鬥志。兵民受不了黑暗政治的壓迫，多逃往夷境去過活。這樣的邊境如何防夷？

國防之壞，尚不止此。到崇禎年間，因爲財政的枯竭，兵餉無着，欠發兵餉，因之軍隊常常發生譁變。崇禎元年，（一六二八年）陝西欠餉至一百三十八萬兩之鉅，守遼之川胡兵，積欠兵餉至四個月。崇禎十二年（一三九年）關寧總監高起潛題說：「准遼東撫臣方一藻會稟貼黃大意內開：自三月至八月，額餉分文未解，查關內三月之餉，俱已發完，獨置殘遼膜外，豈以遼丁向未譁譟，故姑緩視，必得釀變誤撥，乃坐臣等以治罪無狀乎？奴勢洶洶，旬日內外，必有大舉，臣等職專禦虜，萬不得已，乃敢大聲疾呼……遼鎮三月至八月欠餉，約數十萬，事在燃眉，萬難稽緩。」從這些話中，我們知道了軍隊因欠餉，時常譁變，同時也知道了國防重地的遼東的軍隊的情形。清兵入關以前，曾有幾次入塞，勤王軍隊多因欠餉轉為盜賊。軍隊都不能戰爭，甚至不時發生譁變，軍紀是一點沒有了，那裏還談得上國防。

明朝政治的腐敗，賦稅的加重，稅監的搔擾，社會生活已大為破壞。事情也太湊巧，明末幾十年中，各地水旱之災，時常發生，人民生活更無法維持，因之，農民多挺而走險，釀成農民暴動，這更促成了明朝的滅亡。

明末農民暴動，起源於陝西，這是因為陝西的災情特別嚴重，崇禎二年（一六二九年）給事中馬懋才上疏陳說陝西的災情：「臣見諸臣具疏，有云：「父棄其子，夫鬻其妻，或掘草根而自食，或掘白石以充饑」。然此猶不足言。臣鄉延安府自去歲至今，一年已不見雨，草木焦枯。八九月間，人民爭相採食山間之蓬草，雖曰穀物，實類於糠，其味苦澀，食之不過免死。至十月蓬盡則剝樹皮而食，諸樹皮中，惟榆皮最善，仍雜以他皮而食，亦得稍緩其死。至年終，樹皮又盡，則又掘山中之石塊而食，石冷而味腥，雖少食亦易飽，不數日則腹脹下墜而死。民有不甘食石而死者，始相聚爲盜。其一二稍爲積貯之氏，則被刼不留一物，彼饑，以爲死於饑與死於盜，死相等耳，且與其坐以饑死，何不爲盜而死，尙得爲飽死鬼乎？』。當時揭起的暴動領袖，白水有王二，府谷有王嘉胤，宜川有王左掛，安塞有高迎祥李自成，延安有張獻忠。此外有王虎不沾泥可天飛點燈子李老柴，又有老狪狪曹操八金剛掃地王滿天星混天猴獨行狼等。從這些人的名字上，我們也可以看出他們的農民性。農民暴動後，各地叛卒逃卒驛卒響馬等皆起而響應參加，於是一發不可收拾。這許多農民軍中，尤以李自成張獻忠二枝最強，性忍好殘殺，對於士人的殘殺尤慘。李自成則極能收拾人心，李自成的口號是「迎闖王不納糧」，以所掠財物分給饑民，於是所過之處，農民多歸附之。張獻忠起於延安，轉戰山西河南湖北湖南四川江浙最後入蜀稱王，直到清兵入關，順治二年（一六四五年）才被討平。李闖王於轉戰中原後，入据關中稱王，崇禎十七年（一六四四年）出山西，越大同居庸而陷京師，給清兵作了入關的前導。

二、滿淸的入關

滿族源出於東三省長白山下。居住的民族，古代爲肅愼，漢爲挹婁，南北朝時，其族分爲七部，總謂之勿吉，隋唐以後爲靺鞨，北宋末年稱女眞。女眞族曾在北方建立大金國，與南宋成對峙之局。金國爲南宋及蒙古聯軍滅亡後，其部族即散居混同江南北，仍服舊俗，度其射獵生活。元朝設萬戶府以鎭戍之，明有天下，仿唐代羈縻州郡的制度，分建衞所，以統制諸族。然而實際權力是達不到的，他們具化外之民，仍過着他們的氏族生活。明末，女眞部落，大別分爲四部，當時各部已由飄泊無定，變爲安居生活，互相攻伐，不相統屬。努兒哈赤出，次第征服各部自開原鐵嶺遼瀋海蓋以北以東全部，皆統一於努兒哈赤一人，乃於萬曆四十四年（一六一六）登可汗位，建元天命，初具帝國雛形。明熹宗天啓六年，（一六二六）努兒哈赤死，子皇太極即位，改元天聰，改國號爲淸，崇禎十六年，（一六三四）皇太極死，子福臨即位，多爾袞輔政，改元順治。會李闖王攻陷北京，明思宗自縊死，以吳三桂之請，淸兵遂入關，遷都北京，三四年中，破川陝，江浙，湖廣，遂征服中國全部。自努兒哈赤興，與明朝發生衝突起，到福臨征服整個中國止，漢滿兩族互相征伐作戰者有四五十年，茲略述這一期兩族之鬥爭大勢如下：

（一）萬曆四六—四七年的戰爭（一六一八—一六一九）—這是明淸最初的一次戰爭，於明淸的興亡上，也是最有關係的一次戰爭。萬曆四十六年，努兒哈赤以「七大恨」誓師伐明，破撫順，淸河兩城。明廷大震，遂以楊鎬爲遼東經略，集兵遼陽，分四路攻建州。一路由瀋陽出撫順關，沿渾河左岸，入蘇子河之河谷，是爲左翼中路軍。一路由淸河出鴉鶻關（約在今鳳凰縣西北境）以入興京老城，是爲右翼中路軍。一路由開原出三岔口入蘇子河流域，是爲左翼北路軍。四路由寬甸口出佟家江流域，入興京老城之南是爲右翼南路軍。楊鎬爲四路總指揮，駐瀋陽。兵一共九萬餘人，號稱二十四萬。

明四路兵中，左翼中路是主力所在，努兒哈赤調集八旗兵六萬餘人於薩爾滸大敗之，遂乘勝急率諸貝勒移軍北進，破左翼北路軍。回師南趨，以奇計大破右翼南路軍。楊鎬駐瀋陽，聞三路軍敗，遂急召右翼中路軍回兵，努兒哈赤乘勝佔領開原鐵嶺兩地。

（二）熊廷弼袁崇煥的守邊——楊鎬以後，明朝守邊的人物有熊廷弼，袁應泰，王在晉，孫承宗袁崇煥等，明末這幾個守邊人的才能，除袁應泰外，大體都還好，可謂得人，其中猶以熊廷弼，袁崇煥有能幹，足智謀。熊廷弼繼楊鎬爲遼東經略，見忌於朝內諸官，不久即乞罷還家。熊去後，袁應泰繼任，與努兒哈赤戰，大敗，瀋陽，遼陽二城失陷，遼河以東土地，皆爲所佔，袁應泰自縊死。朝廷遂又起用熊廷弼，熊建議「三方布置策」，以重兵駐廣寧，制敵全力，另外於天津登萊設水師，以擾亂遼東半島沿岸。這本是適應當時邊境殘破的情形，穩打穩戰的好辦法，可惜廣寧巡撫王化貞與他的意見不合，掌握軍隊實權，又輕敵好戰，庸劣無才，萬歷四十二年，（一六、四）廣甯一戰，王軍大敗，王蹌踉出逃，僅二僕從行。王化貞大軍既敗，熊廷弼只有五千人，知道關外已不能守，遂維護潰民，敗入關內，竟因此處死，傳首九邊。

熊死後，王在晉繼爲經略，但不久即罷　孫承宗繼之，袁崇煥任僉事。孫袁兩人同心協力，鎭邊四年，練兵十餘萬，開屯田五千傾，清人畏之，不敢進犯。孫氏功勳既高，爲魏忠賢所忌，孫遂乞罷，以高第代之。高胆小才庸，力言關外不可守，盡毀承宗制度，撤兵入關。時袁崇煥守甯遠，不聽命撤兵。天啓六年，（一六一六）努兒哈赤進攻，圍甯遠城，袁崇煥率兵守城，大破清兵。努兒哈赤恚恨而死。袁崇煥聲名大震，明廷遂以袁爲巡撫甯遠，畀以關外之任。自高第代承宗爲經略盡撤關外守備後，甯遠形勢甚孤，崇煥遂採行緩兵政策，以努兒哈赤之死，與淸議和，想着乘間修復關外諸鎮，以爲持久之計，未獲成功。天啓七年，（一六二七）皇太極率兵圍攻甯遠，錦州，皆不克，又爲袁崇煥敗退。袁崇煥報捷說：「十年來盡天下之兵，未嘗敢與奴兵交馬，即臣去年亦自城上而下攻，自今始一刀一鎗，下而拚命」。史家也說：「淸自起兵，明軍望風潰竄，無敢議戰守，議戰守，崇煥始」。歷史上稱這一戰爲「甯錦大捷」。實在，這一戰爲明爭氣不少。

錦甯戰後，袁崇煥一度爲魏忠賢所忌而去職，熹宗死，魏忠賢被誅，袁又復任，後終爲皇太極反間計殺死。

（三）四次入塞——滿淸入關以前，前後已曾四次入塞。皇太極以袁崇煥鎭遼西，兵力強猛，難以進攻，遂欲取道蒙古熱河，直下京薊。從地理形勢上看，從東北向冀北的進軍路線有兩條：一是通過山海關以侵灤河平原的一條線；一是通過熱河平原直下薊遼的一條路，東路既爲袁崇煥所扼守，不易通過，遂只有採取西線了。

崇禎二年，（一六二九）清兵西進，由喀喇沁之青城，向老河進軍。以濟爾哈郎岳託率右翼四旗及右翼諸部蒙古兵攻大安口，阿巴泰阿濟格率左翼四旗及左翼諸部蒙古兵攻龍井關，皇太極親率兵向洪山口進發，先後攻克各地，遂踰越邊牆，進薄遵化。巡撫王元雅固守不降，城破王自剄死，總兵趙率部來援，亦敗，爲阿濟格所殺。清兵遂趨薊州，越三河，略順義至通州，渡河攻京城。袁崇煥與錦州總兵祖大壽飛兵入援，清兵不意袁兵驟至，驚自天來。當初袁崇煥曾上疏言：「臣身在遼，遼無足慮，惟薊門單弱，敵所竊窺，請嚴飭薊督峻防固守」。可惜二疏四奏，朝廷皆不注意。至是果驗其言。皇太極深知袁崇煥不去，明事終不可圖，遂使用反間計，使明朝磔袁於市。袁崇煥既死，皇太極率軍趨良鄉，復分兵屠固安，回兵過蘆溝橋，遂越通州掠薊州破永平，灤州，遵化，遷安，取道冷口關而歸。不過後來關內四城永平遷安灤州遵化旋爲明所收復。

崇禎八年（一六三五），又二次入塞，清因遼西寧錦諸城守禦極嚴，屢攻不能下，遂先征服察哈爾林丹汗部，從此清兵得自由出入長城各口。二次入犯時，曾過保定至安州，克十二城，俘獲人畜十八萬而還。明軍馬閉城不敢出戰，使清兵從容來去，從容掠擄，從容攻破一個城再攻一個城。

崇禎十四年（一六四一），清兵三次入塞。以容親王多爾袞為奉命大將軍統左翼軍，從董家口青山關入。岳託為揚武大將軍統右翼軍，從密雲入　兩軍在通州會合，至涿州分兵八路南下，明軍多不敢戰，盧象昇名督天下兵，其實不過二萬餘人，以少擊多，力盡而死。清兵遂深入，破眞定，廣平，順德，大名四十八城，自東昌渡河，攻陷濟南。這一次俘擄人口四十八萬餘，白金百餘萬，飽載而歸。通過天津時，適逢運河水漲，輜重綿延緩渡，數日始盡，明軍沒有一個敢進襲的。

最後一次入犯，是在崇禎十五年（一六二四）。入塞以前，明清曾議和，不成，清兵遂又入犯，以阿巴泰為奉命大將軍，統兵內犯，左翼軍由界嶺口入，右翼軍從黃崖口入。據薊州，分道南下，河間以南多失守，掠至山東連下袞州等府。此次內犯，計攻克三府十八州六十七縣，獲黃金萬二千餘兩，人民二十六萬餘，馬牛羊五十五萬餘。在茗州休養士馬，春草滿山，解鞍縱牧月餘，明軍不敢乘機進攻。在這四次入塞中，我們已經看出明家天下，已是無可救藥，敵騎縱橫，如入無人之境，軍隊不敢言戰，望風披靡。而將軍大臣仍是意見不合，互不相救，或昏庸無心不知國亡之無日，如清兵三次入犯時，兵部尚書楊嗣昌中官高起潛領着大軍不動，看着盧象昇以寡敵衆，力戰而死，四次入犯時，大學士周延儒自請督師駐通州，閉門不戰，日夜與幕客飲酒娛樂。以這樣的軍隊，以這樣的政治，遇强敵來攻，焉得不敗不亡？

清兵雖然繼次入塞，但皆由熱察進軍，而山海關及寧遠錦州皆爲明兵駐守，屢攻不下，故清兵雖曾數次入犯，攻城陷郡，終以山海關及關外數城之阻，不能固守。皇太極深知不下甯錦，便不能下山海，不下山海，終不能入主中原。於三次入犯後，決定先下甯錦。不過甯錦城高砲利，糧草可支數年，急攻是無用的，遂採用緩慢的圍攻法，於義州築城屯田，令諸將更番屯戍，破壞錦州四處的農業。清兵圍錦州，總督洪承疇率兵六萬往援，松山一戰爲清兵所敗，洪承疇被擒降，錦州守將祖大壽亦降。

清人侵擾中國，初不過報仇雪恨，擄掠財富人畜。到皇太極已漸有征服中國的野心，故對於漢人投降者都優遇厚待。洪承疇降後，皇太極即日賞賜無算，陳百戲作樂，諸將皆不悅，說：「洪承疇僅一羈囚，何待之重乎？」皇太極說：「吾儕所以櫛風沐雨者，究欲何爲？」衆曰：「欲得中原耳。」皇太極笑曰：「譬之行者，君等皆瞽目，今得一引路者，吾安得不樂。」自古漢奸得受優遇，都是這個道理。

（三）清兵入關——李闖王陷北京時，皇太極已死，滿清已是福臨即位，睿親王多爾袞攝政。崇禎十七年（一六四四），應吳三桂之請，由多爾袞率衆入關，大敗闖王軍隊，闖王逃往西安，清兵遂陷北京。清兵這次入關與前幾次不同，前次入關是爲了擄掠，這次乃是爲的得天下。多爾袞出師，即諭諸將說：「此次出師，所以除暴救民，滅流寇以安天下也。今入關西征，勿殺無辜，勿掠財物，勿焚廬舍，不如約者罪之。」因此所過之地，秋毫無犯，百姓多焚香迎降，這也是異族侵略中國的又一手段。

北京既定，遂遷都北京，並遣兵招撫河南山東山西諸省。這時候大難之後，人心未定，清朝最重要的設施，除以武力震懾反抗者外，就是收拾人心。例如：(1)為明帝后發喪；(2)官吏降附者，各與升級，明室諸王亦仍其爵；(3)明之臣屬殉難者，並予贈謚世蔭，立廟祀之；(4)被斥官吏，非犯贓者，及士為清望所歸與隱居山林而德可稱者，皆徵辟錄用；(5)大赦罪囚；(6)蹂躪之後，有鰥寡孤獨及乞丐街市者，給糧養之。(7)地畝賦糧，俱照明朝之會計錄，從順治元年五月一日起，按畝徵解，大兵經過之地，得減一半，未經過者免去三分之一。(8)正額之外，一切加派如遼餉，練餉，剿餉諸名目，盡行蠲免，明季廠衛之弊政，亦一律除之。(9)文臣衣冠，暫從明制。(10)薙髮自由。這些施設，全是籠絡明朝遺老及士民的手段。

清雖入據北京，而陝川仍爲李自成張獻忠所據，福王又即位南京，倘據有江淮及珠江流域諸地，而河南山東，義軍蜂起，也不全爲清有。清爲征服全部中國，遂暫時承認南明偏安局面的存在，以大兵先攻陝西。

順治元年，發兵攻陝西，兵分兩路，恭親王阿濟格吳三桂尙可喜等由大同邊外，趨榆林，延安出陝西之背，豫親王多鐸，孔有德出潼關。李自成正與多鐸軍戰於潼關，而阿濟格吳三桂軍已克延安偪西安之背，自成前後受敵，遂棄西安，南走藍田，出武關襄陽東去武昌，清兵窮追。相傳李自成於通城九宮山爲鄉民所殺．闖王平，而張獻忠尙踞據四川，到順治三年（一六四六），始爲清兵所平。

（四）南方的平定——思宗自縊，北京陷落後，南中府部諸大臣，遂擁立福王爲皇帝，都南京。以劉澤清，高傑，劉良佐，黄得功爲江北四鎭，劉澤清駐淮北，轄淮海，高傑駐泗水，轄徐泗，劉良佐駐臨淮，轄鳳壽，黄得功駐廬州，轄滁和，大學士史可法總督其師，開府楊州。明朝雖到偏安之局，而內部黨派問題，還是鬧不休。福王昏淫無能，四鎭不和，各不相助。馬士英執政，鬻官賞爵，橫徵暴斂，不理國事，故雖有史可法之忠心爲國，終不能挽救南都之滅亡。

順治二年（一六四五），淸旣平定關陝，移師東南。出虎牢關，分兵三路同趨歸德。當時河南山東很有些豪傑義士，擁衆保塞，希望南都北伐，但福王昏庸，馬士英無心國事，衆遂灰心解體。故淸兵所過之處，皆望風迎降。歸德會兵後，分二路南侵，一軍出淮北，一軍出淮南。正在這個亡國一髮的時候，南明內部又出了一個大亂子，鎭守武昌的左良玉，以淸君側爲名，率軍東下。馬士英大懼，急調黃得功趨江上堵禦，又調劉良佐入衞，劉澤淸亦以勤王爲名，撤防東去。北方關防遂空，史可法諸人，雖力言防淸急於防左，但馬士英以私人生命權利所關，那裏聽這些話。左良玉雖以病死兵敗，然淸兵已乘機深入。北路淸兵由徐州而宿遷，乘勝敗劉澤淸軍於黃淮淸三口，遂直下雲台通州如臯泰興等地。南路軍係由多鐸率領，由歸德趨泗州，乘夜渡淮，時史可法正率師勤王，左良玉敗，史奉旨守泗陽，俄而盱貽降清，可法遂奔揚州固守，多鐸率師攻城，城陷，史可法死。清兵入城，凡十日間屠殺八十餘萬，其被擄或投井自縊倘不在數！揚州既下，清兵乘勝而南，遂攻陷南京，馬士英去浙江，福王奔蕪湖。清兵即追至蕪湖浙江，佔領杭州，進兵九江，並分兵守荊州武昌，於是長江流域大體皆歸於清。

南京陷後，江南民兵四起，重要的如松江沈猶龍，嘉定侯峒曾，江陰閻應元，崐山王佐之，吳江吳易等，惟皆先後爲清兵所破滅，清人對於民間之反抗者，殺戮極慘，如江陰城破，士女死者，井池皆滿，清兵屠殺三日，城內外死者十七萬餘。這是外族征服政策的一種，所謂殺一以警百，日本人現在也在採用着這種政策。

南京福王亡後，明朝子姪先後被擁立以抗清的，在浙江有魯王，福建有唐王，兩廣有桂王，後皆逐次爲清兵所敗。桂王最盛時，有兩廣雲桂湖南江西四川七省。桂王死時是康熙元年，清兵順治元年入關，到康熙元年共十九年，清朝始統一中國。長江以南的平定，主要的是漢奸洪承疇吳三桂孔有德耿仲明尚可喜之力。

三、滿清的功罪與統治

滿清統治了中國，承大亂初定，人民厭兵，本易為治，無奈滿族是個尚沒有完全進化為農業民族的異民族，入關以後，雖嚴禁搶掠，而搶掠姦淫仍不能免，奴隸他人的妻子，霸佔別人的土地，已使舊有的社會制度大為混亂。又強迫人民薙髮，改變固有的社會習慣，更引起人民的反抗，所謂滿清初年的揚州十日，嘉定三屠，都是從這裏來的。更加上明朝滅亡的慘痛，及不甘受異族統治的民族思想，雖有滿清初年數代皇帝示恩加惠，或武力鎮壓，民間反抗滿清的暗流，迄清朝滅亡，絕未休止。但是滿清對中國本部雖不能統治裕如，對外用兵，開拓邊疆，功業之盛大，遠過漢族各王朝。清初順治時，曾為追逐桂王，用兵緬甸，康熙平定準噶爾及青海西藏。乾隆有所謂十全武功。自滿清建國至乾嘉之際，疆域大為擴張，朝鮮琉球為舊屬藩封，固不必論，他如廓爾格，緬甸，安南，暹羅，阿富汗，敖罕，巴達克山，非爲兵威所屈，即爲震於清威拱手內服。清初的開疆拓土，造成中國歷史上無與倫比的版圖；豐功偉績，不可磨滅，尤其是撫今追昔，中國百年來受人蠶食鯨吞，疆土日削，使後人不得不警醒惕勵。清朝向外擴展，對內一時收到鎮服叛亂的效果，實際民間的反抗運動，仍日增月長，無術遏止。清政府對於反抗運動，則施用德威並加的方法。以懷柔或鎮略的政策，消弭變亂，鞏固統治。

所謂懷柔政策，只是使用小恩小惠，以籠絡人心。如清初到北京，多爾袞即爲崇禎帝發喪，發明朝親王郡王，賜予明末殉難諸臣諡號，以表彰忠烈。順治時，對於漢人表示寬大，籠絡感化，無所不至，並將所圈土地歸還原主，以穩定社會秩序。康熙時，龍絡漢人的方法更多。令各地方仿尋山林隱逸，位以官職。十七年（一六七八），詔舉博學鴻儒，儲備用著作之選，內外官員舉荐送部，月給俸廩。被舉者百餘人，經考試後，授官者甚多。康熙知道明末遺老，隱居民間，不忘故國，對清朝統治時思反抗。故擬以恩禮羅致，減少明朝遺老居在民間的活動力。乾隆時仍沿用舉薦博學鴻儒的方法，羅致在野名士。但是碩儒志士不聽羅致者甚多，如康熙時的顧炎武，黃宗羲等。康熙又設立明史館，羅致文人，收集民間關於明朝的紀載。此種用意，一在使不利於政府的著作不在民間流傳，一在以清政府的意旨編纂明史，統一人心。此外如康乾各朝搜集遺書，編纂史籍。皆是假藉提倡學術的美名，以愚弄人民，收統一思想之效果。此外如康熙豁免賦稅，滋生人丁永不加稅，雍正廢止山陝教坊樂籍等賤民階級，興辦直隸水利，蠲免浙江一帶浮糧，開社倉賑濟急荒。乾隆時更續行先朝遺政，車駕巡幸所至，輒召諸生試詩賦，給以科目出身，又有開陽城馬周科，經學科，特科更多，給士人些登庸仕進的機會，他如巡狩撫慰人民，拜謁孔林，明陵，都不外清朝的懷柔輭化辦法。使人民在感恩得利中，忘掉種族仇恨而安於受治。

懷柔政策有時而窮，則兼之以鎮壓，以嚴刑，或武力消除人民的反抗。大概清朝初年，國基未定，人心浮動，多用懷柔政策，感化萬民。康熙六十年的統治，務施寬大，物阜財豐，社會漸趨安定。雍正時，則勸導漢人泯除種族思想，特自著大義覺迷錄說：「蓋生民之道，惟有德者可為天下君。……又豈因何地之人，而有所區別乎？」雍正六年（一七二八），上諭：「從來治道，在開誠布公，遐邇一體，若因滿漢而存分別之見，是有意嫌疑，互相漠視，豈能為治哉？」又說：「天之生人，滿漢一理。」這些不外調和漢滿衝突，苦勸人民泯除種族界限。到乾隆時，統治者的地位已經鞏固，反前朝的政策，改行高壓手段，雍正的大義覺迷錄，亦被收沒毀禁，雍正時因反清而赦罪的人，重遭殺戮。更大規模搜求遺書，編纂纂籍，在編纂整理中，書籍遭受焚毀禁止者不知凡幾。乾隆三十九年（一七七四），諭「明季造野史者甚多，其間毀譽任意，傳聞異詞，必有詆觸本朝之語，正當及此一番查辦，盡行銷毀，杜遏邪言，以正人心，而厚風俗，斷不宜置之不辦。」康熙時代，因搜集遺書而編纂之圖書集成，已蔚然大觀，乾隆時代的四庫全書，更是空前巨著。乾隆時為查禁書籍，整理書籍，曾屢次搜求遺書。搜集的書籍，因詆觸清朝遭受焚禁的，據四十一年（一七七六）江西巡撫海成奏「應燬禁書，前後共有八千餘部。」一江西一省如此，其他各省焚燬的書籍定亦相當可觀。據史冊所載，乾隆三十九年到四十七年，九年之間，兵部共銷燬書籍二十四次，五百三十八種，一萬三千八百六十二部。五十七年（一七九二），又嚴令江蘇浙江江西等省嚴申禁書。禁止言論以外，更禁止集會結社，糾衆盟會，彼此往來投刺，不得用同盟同社字樣。公卿間的聚朋結黨，歷朝懸為厲禁。康熙嚴申朋比阿附，雍正時緹騎四出，偵察公卿人民的行動。乾隆時張廷玉鄂爾泰，在滿漢族間分立門戶，乾隆屢次降旨切責，後卒因胡中藻之詩獄，公卿被斬殺免職者甚多。胡中藻為鄂爾泰門生，嘗與鄂爾泰的姪子鄂昌唱和詩詞，詩中並有「出西林第一門」以樹立門戶。乾隆帝因胡攀引門戶，恬不知恥，判處棄市，賜鄂昌自盡，即已死之鄂爾泰亦因是撤出賢良祠，以為植黨營私，樹立門戶者之炯戒。至於因文字而成大獄者，幾乎無朝無之。康熙二年（一六六二）明史獄，戮刊行者的屍，牽連及刻者，校者，購買者，共殺七十多人，婦女充軍。五十年（一七一一）南山集獄，而獲罪論斬者數百人。其他因一二字而得罪者，如呂留良，顧呂緒，方國泰，世臣，王錫候方芬等更不勝枚舉。即獲罪者住在地之長官，亦受懲罰。更奇者如全祖望有「為我討賊清乾坤」，因冠賊字與清字上，幾遭大刑，由此可見清政府排制人民言論之一斑。因此文人學士懼遭懲罰，不敢輕於寫作，更因不能集會結社，轉而趨重個人研究，法意字句訓詁，造成清代漢學經學的繁榮。

除此以外，在政治上，則扶植滿人，壓制漢人。如同為一官，滿人品高，漢人品低，六部尚書滿漢各一人，滿人為一品，漢人二品。其他各機關，雖規定滿漢兼用，漢人任事品低，滿人品貴權重，撫司以下，間用漢人，總督掌管地方軍政大權，用漢人者甚少。清朝以滿漢一體，並無歧視標榜，實際滿漢人的政治地位，社會地位，皆不平等。儲方慶殿試策說的好：「今自三公九卿，為陛下之疑丞輔弼者，莫不並列滿漢之名，督撫大臣則多寄於滿人，而漢人十無二三焉」。乾隆八年（一七四三），杭世駿時務策說：「滿洲才賢雖多，較之漢人，僅十之三四，天下巡撫尙滿漢參半，總督則漢人無一焉，何內滿外漢也？三江兩浙天下人才淵藪，邊隅之士，間出者無幾，今則果於用邊省之人，不計其資俸，而十年不調者皆江浙之人」。又恐怕滿人入中國日久，沾染漢人習氣，失掉勇樸之風，無力統治漢人，乾隆時特別提倡滿語，提倡騎射，制鄉會試，先試弓馬，合格然後許入場，王大臣時常會射，不中法者立加斥責，又自著滿洲源流考，宣揚滿洲文化的歷史久遠。道光時嚴禁滿族婦女纏足，皆是特意扶植滿族不能泯除滿漢界限的偏見。

對於邊境藩屬，亦利用宗教愚昧人民，固閉人民。如對蒙古則扶植達賴喇嘛的黃教，以綏靖北邊，在西藏都由達賴班禪分治，以章嘉胡圖克圖統治多倫諾爾，內蒙東西諸部，齊罕諾門胡圖克圖統治西寧，青海一帶，又尊崇喇嘛，賜給種種特權，創立寺廟，以懷柔教民　滿政府如此尊奉宗教，無非達到神道設教的愚民政策。愛新昭槤說：「國家崇信黃僧，並非崇信其教以祈福也。祇以蒙古諸部，敬信黃教既久，故以神道設教，藉使誠心歸附，以障藩離。」魏源說：「衞藏安西北之邊境安，黃教服而準蒙之番民皆服。」可見清人以宗教爲治理蒙藏民族的手段。同時爲避免宗教首領世襲相承，樹立起堅固不拔的統治勢力，乾隆時創製掣籤法，凡達賴班禪，各[illegible]有分識[illegible]用此法[illegible]定人選，即可打破世襲，又可消[illegible]政[illegible]，[illegible]地，有統一的領袖，使各部分立自治，如蒙古分成数十部，各部設有手長，治理的範圍小，權力跟着縮小，便不易聚衆與中央政府爲難。滿族本不與漢族通婚，獨以宗室女嫁於蒙古各王公，以和親方法操縱覊靡之。乾隆死時，内蒙古之鄂爾特汗竟至殉死，可見蒙古人民感戴清室恩德的[illegible]駐防，滿兵屯紳皆准携帶眷屬，此[illegible]移民殖邊辦法，即可鎮定邊防，又可調劑民食，確是清室善政。

清政府[illegible]族[illegible]，皆不相同，而其歸根則使各族人民，皆日趨衰退，不能奮發前進。對漢族，時而軟化，時而鎮壓，而不令人民有自由發是言論之餘地，務以章句之學，科取士人，士人亦以研討章句獵取功名。自道光以後，此風更盛。道光時，論字則尊搨點畫，論詩則拘泥平仄，不問文章之工拙與內容，若破體帖字，平仄失調者，皆置下第，或擯除不取。士人爲求仕，也不得不以政府標準爲求學之道，致海內承風，士習闒茸，懨懨無生氣。陳康祺說的好：「近數十年殿廷考試，專尚楷法，不復論策論之優劣，以致空疏淺陋，競列淸班，甚至有抄襲前一科鼎甲策仍列鼎甲者。而讀卷諸公，評騭楷法，又苛求之點畫之間，有一字古體帖體，依說文篆隸而不合時式者，卽工楷亦置下第」。因此學風日墮，吏治日壞，民族日益衰微。蒙藏諸族，在宗敎惑迷下，安於故我，不能進取，而前此樸實勇猛之風，亦日變爲奄奄無生氣。此外的滿族分別八旗，各有特餉恩賜，權利在各族人民之上，又是統治者。百年來，因生活求官，皆比一般人較易，轉而務趨聲色，入關以前的純樸風度不能久保，雖有歷朝君主提倡，亦不能避免中原社會的侵蝕同化。整個中華民族，俱呈現保守衰弱，不能進取的衰退狀況。又逢到十九世紀以來帝國主義的勢力侵入中國。以積弱的中國，怎能抵強盛的列強？中外衝突的結果，中國屢次吃虧。自道光以後，喪權失地，因此引起中國民族的覺醒，從事政治上的改革，思想上的解放，發展而爲辛亥革命，建立民國。直到現在的對日抗戰，仍是繼續過去爭取民族獨立的未完工作。

四、民族反抗與秘密結社

滿族入中國後，變亂四起。如順治五年（一六四八）天津有張氏自稱天啓后起事；康熙十二年（一六七三）楊起隆詐稱朱三太子，擬在北京起事；十九年（一六八〇）楊復起事於陝西；二十七年（一六八八）武昌兵變；四十六年（一七〇七）雲南李天極詭託明桂王孫起事；四十七年（一七〇八）擒殺朱三太子及其子。此外的大亂，則有鄭成功及各秘社團之反清運動。

鄭成功不從其父降清，聯合志士數十人入海，召集徒衆，圖謀抗清。順治四年（一六四七）佔據金門，廈門兩島爲反清復明的根據地，成功在沿海一帶，整飾軍旅，甚得民衆同情，衆至十七萬人，清室屢次遣人招降，並封贈官爵，成功皆拒而不受，順治十四年（一六五七）率艦隊由崇明入長江，陷鎮江，直驅江寧，拜謁孝陵，移檄遠近，諸郡相率歸附，東南大振。維，揚，蘇，常，等亦皆待機投降，順治觀兵南苑，準備親征。先是破鎮江後；甘輝獻計，北取揚州，斷絕山東援兵，南據京口，阻斷兩浙漕運，然後扼守咽喉，號令各郡，長江以南可不戰而定。成功不聽，及至清援兵大至，成功戰敗，海船被焚毀者數百隻。成功率領餘艦，揚帆出海，復還廈門。成功自此次敗歸，損失甚重，不更加準備不足以經略內地，乃於順治十七年（一六六〇）攻佔台灣，聚草屯糧，召納流亡，作再度北伐的準備。康熙元年（一六六二）成功卒，子經嗣立。會乘三藩亂時，攻佔漳州，汀州，旋爲清兵奪去，二十年（一六八一）鄭經死，台灣發生內亂，二十二年，爲清政府召降。

鄭成功父子以外，在清朝初年，最足動搖清朝基業的，即是所謂三藩之亂。三藩首領，全是明室舊臣，因平定江南有功，裂土封王，吳三桂王雲南，尙可喜王廣東，耿精忠王福建，各王掌握地方軍政財賦大權，可以便宜任用官吏，不受吏部兵部的限制。尤其是吳三桂威鎮西南，兵精良足，除授之官吏，遍佈國內，號稱西選。這些王封，儼然國中之國，與中央政府對立。清初因亂事未平，尚能曲加優容，及康熙卽位，統治地位漸固，欲撤消藩封，集權中央。康熙十二年（一六七三）撤藩之議決定，吳三桂不服，率兵蓄髮易衣冠，移檄四方，以與明室復仇爲召號，三桂告四方檄文中有「不意狡虜逆天背盟，乘我內虛，雄據燕京，竊我先朝神器，變我中國冠裳。」大概此種辭句，最足以代表當時人民反清的情緒，激起敵愾同仇的心理。康熙帝一面停止撤消閩粵兩藩以孤立三桂，一面派兵守常德，岳州，阻止東犯湖廣，命西安將軍由陝入川，絕其由滇入川之路，並任命大臣馳赴西安，漢中，安慶，兗州，鄖陽，汝寧，南昌諸要地駐守策應。十三年（一六七四）更以陝西要地，西控番回，南通巴蜀，乃加派兵部尚書莫洛率兵赴西安駐守，假以大權。此種佈置，在以常德阻止東犯，駐重兵入川陝，堵絕攻取西北之路，然後分兵進攻雲，貴。吳三桂分遣將領，由雲南諸路出兵，一路取四川，一路自貴州出湖南，陷常德，長沙，岳灃衡四府一州。廣西四川皆應之。耿精忠亦起兵佔全閩，數月間，六省盡失，惟尙可喜坐保廣東，按兵未動。三桂進駐常灃督師，伐木造船，鑄銅爲錢，轉運川湖食糧，補充軍食，廣布羽翼，號召天下。清兵雲集荆，襄，武，宜，不敢過江一戰，三桂的聲勢，可謂已震撼中外。三桂不聽諸將渡江北攻，或率兵東下的良策，逗留不進，坐失良機。及清政府命將來攻，三桂乃分兵一由長沙攻江西，一由四川攻陝西。清兵分道堵截，並由浙江進兵入閩。及陝西提督王輔臣舉兵歸降，三桂乃分兵扼守岳灃諸水口，扼荆州江北之師；分兵守長沙，萍鄉，以當江西之師：自己進駐松滋調度，企圖取道川陝，北取京師。康熙十五年（一六七七）陝西，福建，廣東皆爲清兵克復，清兵專力攻取湖南，十七年三月，三桂爲維繫人心，在衡陽稱帝，改元昭武，至八月，即暴卒，其孫世璠繼立，迎柩還滇，清兵由四川，湖南，貴州入滇。二十年（一六八一）克復雲南，時歷八載，地及十省的大亂，於是平定。

正式軍隊反清以外，即是民間因反清而發生的秘密結社。秘密結社在中國社會中，歷史悠久。自從大一統的國家告成，由西漢起始，幾乎沒有一個朝代沒有秘密結社。就爲反抗專制的有力組織，造成些轟動社會的反政府運動。如西漢末年的赤眉，銅馬，東漢末年的五斗米道，宋末元初的各種會社皆是。這些會社，假托宗教的烟幕，作反政府的政治活動。不過在宋明以前，民間的秘密結社，志在打倒統治者，對內的政治作用較大，團結性也比較鬆脆。宋明兩朝的末季，一切民間會社的目的，不僅在推翻統治者，尤要驅逐統治者出境，自身脫離異族的統治。這是奪取政權與保護民族的作用合，而且民族革命在團體中佔主導地位。如元朝初年的白蓮教，清初的天理教等皆是。此種會社都以驅除異族，光復漢族爲主要工作。明之滅元，清末革命成功，得力於此種社團之力甚多。元朝統治中國的時期較短，故在元朝會社的運動也比較少。清朝統治中國二百多年，會社運動特別發達，明清之際，會社之勝可爲空前。而在清朝統治下，歷次變亂，多是會社發動，如白蓮敎，天理教，太平天國等，卽是十九世紀末年之義和團運動，也是一種反抗異族統治的民族運動。不過當時壓迫中國，侵略中國的異族是來自歐美的列强。對外的仇恨，壓倒中國內部滿族之間的矛盾。所以義和團運動不是推翻滿清統治而是解除洋人的壓迫，義和團運動便在「扶淸滅洋」的旗幟下，統一國內各族間的矛盾，而以舉國一致的力量作打倒帝國主義的民族運動。可見在民族存亡的生死關頭，什麼國內民族間的仇恨，階級間的利害，皆爲最高的民族利益，國家利益所統一。這種偉大的民族意識，國家觀念，不是任何階級利害或國際主義所能打破的。至於義和團以前的會社運動，當時尙沒有外來的强烈壓迫，國內彼此間的矛盾便爆發爲反抗滿淸統治的運動，玆分述於后：

三合會與哥老會是反淸復明的最初組織，大概發生於明淸之間。三合會亦稱三點會，又名天地會，在南洋及珠江流域勢力甚大。其支流較大者，如鉢子會，告化會，小紅旗會，小刀會，劍仔會等。內部組織，類似軍隊編制，首領稱「大元帥」或稱「總理」，二頭目稱「香主」或「二哥」。第三稱「白扇」「先生」「三哥」，第四稱「先鋒」，第五稱「紅棍」，普通會員稱「草鞋」。由名字看來，又是故意以隱語俚詞掩蓋眞像。集會的目的，在集合衆力，恢復大明，誓言說：「天地萬有，回復大明，胡虜滅絕。」「做昔桃園之義，結為兄弟，……昔日之兩京十三省，同心一體。」「吾人討滅仇敵，恢復明朝。」哥老會，創始於廣東某姓。某姓兄弟五人，依次稱「大爺」「二爺」至「五爺」，創立哥老會，以復仇除暴為宗旨。入會者須服從命令，扶持患難。會中「大爺」的地位最尊，權力甚大，所發明令，會員皆須服從。會員彼此之間，則以「弟兄義氣」為箴言。入會者不分貧富貴賤，大概以低下階級的人較多。全會分五等，亦稱五門，以仁，義，禮，智，信為等次，會員可依次遞升。此會在太平天國以後，勢力甚盛，份子遍佈全國。不過傳流久遠，原來「排滿復明」的宗旨多失其眞，沒有實際行動。

白蓮教是佛教的支流。南宋亡於蒙古族的元，一般人便利用這個團體爲反元復宋的組織。元順帝至正十年（一三五〇）其黨劉福通等曾起軍失敗。明朝末年，白蓮教黨徒達二百餘萬，遍佈黃河流域及川陝各省，黨首鉅野徐鴻儒一度起兵，失敗被殺。白蓮教經此次失敗，不能復振者百餘年。乾隆三十九年（一七七四）臨清王倫以白蓮教支派清水教，教人練氣練拳，號召黨徒，聚衆起事，攻破堂邑，陽穀，臨清，自稱紫微星，設百官，數月即平。至乾隆末季，又乘機崛起，乾隆帝以高壓手段，統治中國，已引起人民反感，他又好大喜功，用兵四征，調兵轉餉，民間騷然。白蓮教因利乘便，勢力驟張。乾隆四十年（一七七五）白蓮教首領劉松因謀亂事發被捕，遣戍甘肅、但白蓮教的勢力、蔓延川，陝，鄂等省，不因領袖被捕而停止活動。白蓮教徒又利用「反清復明」的民族思想，假稱教徒鹿邑王發生爲明朝朱氏後裔，以資號召。乾隆五十八年（一七九三）陰謀發覺，黨中重要領袖被捕者甚多，政府嚴令緝拿、官吏乘機株連、鄂西，荊宜一帶，羅織至數千人之多，人民半是亡家破產者不可勝計。嘉慶元年（一七九六），聶傑人等以「官逼民反」為詞，乘機煽動，率衆起事，數月之間，佔有鄂西一帶，波及河南四川等省，衆至數十萬。清政府動員數省軍隊兜剿，遂沒將教黨勢力根本消滅。嘉慶二年（一七九七）清政府增調平定苗亂的軍隊助剿教軍，教軍乃乘勝蹤入河南中部，裹脅人民，分組流徙，牽制官軍，豫中數十縣皆被騷擾。後由河南轉陝入川，會合四川教徒，聲勢較前更大。教徒集聚川省，清軍斷絕川陝通道，教徒不能北進，後東竄回鄂，再由鄂回川，擾及陝甘。嘉慶五年（一八〇〇）教軍在官軍與地方鄉勇夾擊下，勢力日蹙，卒於嘉慶八年（一八〇三）為清兵平定。教軍消滅後，隨軍征討的鄉勇俱被遣散。這些鄉勇，從軍日久，一旦被裁，無家可歸，乃聚衆謀亂，年餘始平定。總計自白蓮教起事至教亂平定，時歷九年。九年的兵費，數達二萬萬餘兩，教徒死傷据官書所載達數十萬人，而官民之死傷，良民之被害，當倍於此。清朝經此變亂，元氣大喪，國勢的衰微亦由是始。

川鄂一帶正鬧白蓮教之亂，閩粵沿岸又有海寇受安南王之指使騷擾邊疆，至嘉慶十五年（一八一〇）始平清海寇之亂。掃平海寇不到五年，天理教的禍亂又起。天理教本是白蓮教的支派。白蓮教支派甚多，有八卦，榮華，紅陽白易等。內中以八卦教勢力最大，黨徒徧佈黃河流域的晉，冀，魯，豫，各省。八卦教後更名天理教。滑縣的李魁，大興縣的林淸是此派的首領。他們準備在嘉慶十八年九月十五日（一八一三）各地一齊起事，次第攻掠山西，河南，山東等省，林淸在京交結內監作爲內應，擬乘嘉慶巡幸木蘭時起事。九月初，尙未至起事日期，密謀洩露，黨徒多被捕。教徒見時機已迫，乃於九月七日在滑縣發難，東明曹州一帶多響應。主持北方大事的林淸先期派遣黨徒二百名由內監領導，分由東西華門殺入，爲皇次子綿寧率領太監擊退，京師諸王大臣又都率禁旅入衞，盡二日之力卒將教徒殲滅，林淸等先後被捕，天理教之亂，瞬卽平定。此後陝西又有箱工之亂，嘉慶十九年（一八一四）江西又有以朱氏子假託明代後裔，圖謀起事，不久卽平。

太平天國是中國近代的偉大運動，也是起源於秘密結社。先是廣東人朱久濤自稱是明朝後代，創立上帝教，吸收黨徒，洪秀全，馮雲山都是他的徒弟。朱死後，洪秀全採入基督教教義，成立三點會，洪秀全自爲領袖，在廣西桂平，武宣一帶設立秘密機關，結納徒衆。會中只拜上帝，入會者男稱兄弟，女稱姊妹，洪氏自稱教主，以耶和華爲天父，耶穌基督爲天兄，一時入會者甚多，發展甚快。

道光末年，廣西大飢，盜賊蜂起，官府無力剿辦，已與洪氏等發展機會。上帝會又常受地主的欺壓，於是加强洪氏等的團結。道光三十年（一八五〇）洪秀全等起事於桂平縣之金田村，各縣紛紛響應。咸豐元年（一八五一）洪氏破永安，建號太平天國，自稱天王，並封東西南北各王。他爲表示反清起見，多恢復明朝制度，太平軍皆蓄髮不薙，因此民間呼之爲「長毛」。咸豐二年，突圍轉攻桂林不克，乃北向破全州，由水道入湘，爲鄉勇所阻，西王馮雲山陣亡。改走陸路，連破道州永明等縣直達彬州。分兵一枝由蕭朝貴率領繞經湘東，安仁，醴陵直取長沙，不克而陣亡。洪秀全自率大軍攻打長沙，費三月之力，仍未能攻下，乃渡湘，由益陽過洞庭直攻下岳州，獲得吳三桂所存的軍器，太平軍軍容為之一振。北上攻拔漢陽，武昌，中部各省因之動搖。攻下武漢後，北進或東征成了急待決定的問題，當起兵之初，謀士胡孝先曾獻計說「關中天府之國，周秦之所以興，欲爭天下，必先得咸陽，然後出山右定燕薊，天下可傳檄定也。」所以這時就有些人主張取常德，趨漢中，襲咸陽，出山右以取燕薊。及偵知長江一帶，清軍守備單薄，乃由武漢順流而下，不一月，九江，安慶盡為太平軍佔有，南京亦攻打七日克之。洪秀全改南京為天京，設立百官，分兵四出，攻掠各地。秀全令羅大綱率師北征，大綱說：「欲圖北，必北定汴，軍乃渡河。否則先定南九省，無後顧憂，然後一路出師湘楚：一出漢中，疾趨咸陽，以至皖豫，而達金陵；一出徐揚，席捲山左；咸陽既足，乃出山右，會獵燕都，雖諸葛不能禦也。若懸軍深入，犯險無後援，臣不敢奉詔。」秀全不聽。乃改令李開芳，林鳳祥率兵五萬北征，告以「師行間道，直趨燕都。」這枝軍隊越河南渡河至山西，轉入河北，直達天津附近，爲僧格林沁擊敗，退守阜城，又爲連兵擊潰。自從此次北征軍失敗後，太平軍無復北征餘力，只徘徊於長江兩岸。洪秀全妄想在大局未定時，安居南京，偏促一隅，不謀向外發展。向外既不能發展，內部的矛盾衝突便日以劇烈，彼爭此奪，卒至互相慘殺，開國元勳楊秀清，韋昌輝相繼被害，石達開亦避禍遠走。初起事時的功臣至此死亡殆盡，太平天國的一切政事皆爲秀全兄弟把持，自己既無力加以處理，又不聽他人過問，致使忠勇如李秀成輩仍因遭忌，不能充分施展雄才。及至清兵合圍南京，外援斷絕，秀成力勸秀全說：「京師圍困，坐斃非策，不如親征鄂贛，握上流以號令天下，襟帶蘇浙，以利饟源，卽使金陵有失，猶擁兵五六十萬，尙足並驅中原。若戀此危城，征調不至，亡之道也。」秀全不納。及蘇杭相繼失守，秀成再請遷都說：「今蘇州已失，杭蘇危困，陳炳文，汪海洋屢戰無功，處處糧缺，京中斷難久持，臣已智窮力盡，無以爲謀，惟有力請親征，冀可挽回大局。陛下在外猶能騰翥天際，若守危城，譬處籠中，以待食絕，萬不可也。一不聽，又請太子監軍，亦不許。淸兵攻打日急，秀全暴卒，城破，秀成亦被捕，其他各軍亦先後撲滅，擾攘十四年的太平天國之亂，完全結束。太平天國因貪戀小成而亡，所有制度如禁烟酒，禁纏足，土地國有等可資稱道者甚多。而流風餘韻，猶匯合於淸末之革命運動。

太平天國初起，聲勢浩大，正當淸室中衰，人民思恢復漢族基業。秀全如能乘勝北攻，未始不可以傾覆淸朝，無奈洪等安於小成，又碰到新興的湘淮軍，只落得困守失敗。湘淮軍本以保衞家鄉爲目的，後來出境作戰，漸由保鄉進而保國。曾國藩以維護禮教號台，轉變人民對洪秀全的同情成爲護教的自衞。保持固有文化掩蓋了種族仇恨，太平天國便因此失敗了。

第六章　帝國主義的侵略

一、中外的交通

中世紀以後，歐洲的工商業漸趨發達，十七世紀開始英國的紡織業更是突飛猛進的發展。工商業發達的結果，使各國都遠離本國，向海外尋求市場與殖民地。歐洲各國向海外發展的路線有兩條，一是繞菲洲經印度到中國日本，一是渡大西洋發現美洲。一四九二年，哥倫布發現美洲，一四九八年，葡萄牙人達格馬經菲洲的好望角發現通印度的航路。明正德十一年，（一五一六）葡人斐萊斯特羅航海到廣東沿岸，企圖和中國通商。從此以後，歐洲人來中國的漸多，東南沿海一帶的廣州，泉州，福州，寧波漸成中外貿易的口岸。

商業資本多少帶有掠奪欺騙的性質，容易引起農業社會民族的反感與憤恨，十六世紀中葉，許多在中國經商的葡萄牙人，都因爲這種情形，遭受中國人民的反抗與驅逐。更加上沿海有倭寇的擾亂，明朝對於中外通商雖不禁止，却給以種種限制。其初來中國貿易的多是葡萄牙人，後來新興的荷蘭人，返超過葡萄牙人的勢力。荷蘭商人有工場作商業的基礎，因此他不僅需要銷售商品的市場，還需要殖民地以開設工場，吸收原料。十七世紀初葉瓜哇便作了荷蘭的殖民地。

此後工業革命發生於英國，荷蘭人海上貿易的霸權又爲生產技術更進步的英國所代替。產業革命後的英國，生產激增。大量的產品，需要銷納的市場，擴大的生產也需要更多的原料。因之激刺起海外貿易及奪取殖民地原料的慾望。循海路向四外擴展，美洲，非洲都成了英國的貿易地域。自從英國的商業勢力到了遠東，英國對華貿易的數額日漸增高，據書籍所載，英國對華貿易自十八世紀中葉至末葉經過四十年的發展，英國開到中國的商船從九艘增至六十一艘，美國不過十五艘，荷蘭五艘，葡萄牙二艘，英國丹麥各[illegible]艘，可見英國商業漸佔領導的地位。清朝對於外國通商，也是加以限制，規定下交易的處所和辦理交易的人。清初澳門就是中外的市場，廣東十三行是辦理中外貿易的經濟人。這種辦法在交易不甚繁盛的時候，到沒有什麽困難，但是十八九世紀之交，正是歐洲工商業蓬勃滋長的時候，很需要廣大市場及貿易自由。我們看嘉慶十八年（一八一三）中國尚沒有英國的綿織品輸入，道光八年（一八二八）已有二十萬元的輸入，道光十八年（一八三八）有七十九萬元的輸入，道光十八年正是鴉片戰爭的前二年，英國的綿織品輸入中國雖有這樣的巨額，而英國國內的生產發達，迫切需要更廣大的市場，因之對于清政府的限制願請變更。此時與綿織品貿易同任中國占地位的就是鴉片，鴉片的輸入在道光十八年達一八、〇七箱。英國人由歐洲輸入普通商品已獲厚利，由印度輸入鴉片，更是大賺其錢，超過其他一切利潤的獨占的鴉片貿品，英國人不肯放手。中國因鴉片及其他物品入超，現金大量外流，國內銀價增高，使一般人在經濟上感受到損失與壓迫，以一般人以籌餉練兵及禁絕鴉片的理由，也就是以杜絕現金外流，來禁絕鴉片的輸入。英國商人為了賺錢，不管對中國的利害如何，反對清政府的禁止政策，也就是反對清政府封閉它已經估有的市場，這樣形成了英國以打破中國門戶開拓市場的侵略戰爭—鴉片戰爭。

二、鴉片戰爭與開關

鴉片戰爭是中外關係的界碑，從此以後中國的弱點暴露，更促進各國的侵略。

侵略的主要表現卽是自鴉片戰爭開端到中日戰爭時期，這階段各國以武力銷售商品，威逼中國開擴市場，強佔沿海島嶼作爲侵略中國的根據地。一八四〇——一八四二年，（道光二〇——二二）的鴉片戰爭，中國戰敗，英國的主要要求，卽是擴大市場，逼着中國開放五口——廣州，廈門，福州，寧波，上海爲通商口岸（南京條約）。這五個口岸的位置，由南海散佈到長江入海口，包有中國的東南一帶的沿海要道，在航路上，歐洲來中國是由西而東，到了中國便是由南而北，先到最南端的廣東，沿海而北，經閩，浙，蘇，魯，而達天津。考察沿海商埠開闢的先後，就可覘知帝國主義勢力侵入的一斑。英國除了要求開擴市場以外，卽是要求割讓香港作爲英國遠東商業的根據地，要求賠償軍費一千二百萬元，商欠三百萬元，煙價六百萬元作爲用兵中國及商業損失的補償。五口開放後市場擴大了，英國商業立刻有更大的發展。道光二四年（一八四四）只是鴉片戰爭後第二年，綿織品輸入激增到五百五十九萬元，自此以後棉紗棉布日益增多。鴉片輸入在道光二十六年（一八四六）達三

四、〇七二箱，上海一埠在道光二十八年（一八四八）輸入一萬七千箱，其他各種貨物的輸入當然同樣的增加。市場擴大，銷納的商品增多，商人的利潤跟着加多，利潤增多，激刺經商者擴大市場的要求，要求不遂，不得不借動武力以强迫中國開關，隨着武力勝利使侵略勢力深入內地。鴉片戰爭以後的幾次戰爭—英法聯軍，中日戰爭等，中國無一不敗，戰敗的結果，即是賠償軍費，開闢商埠。咸豐八年（一八五八）英法聯軍打敗中國，定立中英條約，開放牛莊登州，台灣，漢口三處。中法天津條約開放瓊州，潮州，台灣，淡水，登州江寧六處爲商埠，後來成立的北京條約增開天津爲商埠。此外互換公使領事，允許敎徒入內地傳教，領事裁判權的確立，協定關稅稅則，都從此時開始。英法條約定立後，各國援例而來，帝國主義的勢力隨着軍事勝利深入中國內地。因爲這時正是十九世紀的下半期，資本主義已由自由競爭的階段，走向帝國主義的道路。帝國主義不僅只追求商品市場，還積極的奪取殖民地。中國在各國猛烈奪取殖民地的競爭下，遭受的犧牲，即是許多藩屬逐漸為他國佔領，如伊犂西部，安南，緬甸，不丹，尼泊爾，暹羅，朝鮮，台灣，澎湖列島，或為英法日俄等國強佔，或被迫脫離中國統治。

俄國乘着中國內有太平天國之亂，外有英法聯軍之禍的機會，强佔黑龍江，烏蘇里河以外的地方，又乘新疆回亂，佔領伊犂，咸豐八年（一八五八）中俄簽訂璦琿條約，中國的黑龍江以北，為俄國佔有，烏蘇里河以東為中俄共管地。次年又強佔海參威為軍港，咸豐十年，（一八六〇）俄使藉口調停英法和議，索取報酬，乃定立北京條約，璦琿條約所定為中俄共管的烏蘇里江以東各地，又因北京條約完全讓予俄國。所謂俄國的阿穆爾省，卽是佔據我們黑龍江以北地方的改稱，東海濱省，卽烏蘇里江以東的地方。俄國在東北如此，在西北則佔有新疆的伊犂，後來為索還伊犂，崇厚曾到俄國定立喪權辱國條約，雖有曾紀澤改定伊犂條約，（光緒七年一八八一）除了賠償俄國款項，割給土地外，還允許俄國在嘉峪關，吐魯番設置領事。其他如科布多，哈密等處日後商務興旺可以續設，卽為北方門戶之張家口，亦准俄國建造房棧，而且允許俄國商民往來蒙古各地，不納捐稅，俄國的勢力從此侵入天山南北和內外蒙古。

俄國正在西北東北大肆侵略時，英法亦在西南方面乘機活動。西南的安南（亦名越南）本是中國藩屬，十九世紀中葉以後，法國勢力侵入安南。英法聯軍之役，法軍返國時曾打敗安南軍隊，定立西貢條約，法國勢力從此穩定。同治十三年（一八七四）法越和親條約成立，法國承認安南為獨立國，法國有代安南平定內亂之義務，實際上卽是定安南為法國的保護國。光緒九年（一八八三）法國兵分兩路再侵安南，一路為劉永福打敗，一路得到勝利。安南政府在法國強兵壓境下，定立城下盟約，明定越南是法國保護國，雖與中國交涉，亦須由法國居中紹介，法國得在越南駐兵，並監督一切內政。中國對法國再三抗議，法國不以中國為交涉對手，中國乃亟亟備戰，越南政府亦起兵反抗法國壓迫，中法戰爭遂開。鎮南關一役，馮子材以七十高齡，身先士卒，激動士氣，大敗法兵，規復諒山。法國雖然在福州一帶得勝，陸上吃此敗仗，乃向中國提出和議，光緒十一年（一八八五）成立和約，承認越南爲法國保獲國，勞開以上，諒山以北，開通商口岸二處，中國於南數省修築鐵路須僱用法國人。中國打了勝仗還定了屈辱的和約，恨得前綫將士拔劍砍地，不肯撤退。明年中法訂立商務續約，規定中國開廣西的龍州，雲南的蒙自蠻耗爲通商口岸，越南從此斷送，法國的勢力又深入滇桂二省。

正當法國經略安南，英國亦在緬甸下手。緬甸自清初以來，卽爲中國藩屬，惟地鄰英領印度孟加拉，因此不能不和英國發生關係。英國在十九世紀初葉，曾兵敗緬甸，緬人深恨英人，常起排英事件，咸豐六年（一八五一）英國藉口緬甸侵辱公使，虐殺敎士商人，再與緬甸開戰，佔據緬甸的海口，緬人欲借助法國勢力反抗英人，反爲英人戰敗，擄去緬王，佔有各地，緬甸就亡在英國手裏了。清政府抗議的結果，英人允許緬甸人照向例十年一貢就算了結。安南亡於法，緬甸亡於英，夾在其間的暹邏成爲英法共爭的地方。後經英法協商，共認暹邏爲獨立國，使與中國完全斷絕關係。自此中國的西南邊境與英法爲鄰，時常發生疆界糾紛，侵佔中國的土地，並將中國西南各省，視作二國的勢力範圍。

中國的南北兩端均遭受帝國主義者的侵略，東方又新興起個日本。日本維新以後，向海外發展，尋求殖民地，琉球便成了它的第一目標，琉球自明朝以來即爲中國藩屬，明治時代日本封琉球王爲藩主，代辦一切外交，並通告各國聲明琉球已歸屬日本。後來日本藉口琉球人民爲台灣生番所殺，即向台灣興師問罪，幾與中國開仗，經英國駐華公使調解，中日定立和約。中國承認日本保護琉球僑民攻擊台灣爲正當，不曾承認琉球是日本的土地。光緒五年（一八七九）日本改琉球爲沖繩縣清政府雖提出抗議，亦毫無効果。這是中國敗於日本的第一次，也是日本侵略中國藩屬的第一遭，日本的野心還不死，由此更進一步，侵佔朝鮮，引起了中日戰爭。

朝鮮自秦漢以來即與中國通使往還，中間雖與日本發生關係，遠不若與中國密切。日本維新後漸向朝鮮施壓力，光緒元年（一八七五）日本攻佔朝鮮的永宗城，引起兩國交涉，和議成後定立江華條約，日承認朝鮮爲獨立自主國，截斷與中國的關係，以孤立朝鮮。淸政府既不過問，又不抗議，無異默認日本的作爲。此後朝鮮發生內亂，各引外援爲助，中日因朝鮮問題，漸發生直接衝突。直至光緒二十年（一八九四）中日衝突演成大戰。中日戰爭結果，中國戰敗，朝鮮爲日本奪去，台灣和澎湖列島割給日本，賠償日本兵費二萬萬兩，開長沙，重慶，蘇州，杭州，沙市，爲通商口岸，允許日本通航內河。台灣雖被割給日本，但是台灣的民衆不願歸屬日本，乃宣言獨立，起兵抗拒日本。經劉永福等領導台灣人民與日本苦戰數月，彈盡援絕，始逃回中國，台灣由此爲日本佔領，中國與列強的關係又另換一个階段。

三、中日戰爭與瓜分

中日戰前，中國雖爲英法兩國戰敗，原是小規模的戰爭，而且對手方是海上巨强的英法，雖敗仍不失中國大國的威嚴。中國的領土較日本大數十倍，人口多七八倍，竟爲日本戰敗，中國的威嚴掃地，國勢一蹶不振了。中日戰後的中國，好比紙老虎被截穿，帝國主義對中國益無顧忌，加緊侵略，自光緒二十年（一八九四）中日戰爭至民國三年（一九一四）歐洲大戰開始，可以說是列強準備瓜分中國，共管中國的時代。這時期歐美各國已成爲獨占的金融資本的帝國主義時代，對於中國則利用輸入資本的方法，以銀行和鐵路投資來征服中國。所以中日戰後，列強在中國紛紛要求租借地，設立工廠，經營鐵路，礦山，貸予中國款項，開設銀行，更在沿海一帶，割據土地作爲侵略的根據地。光緒二十三年（一八九七）德國因德教士二人在山東被害，派兵佔領膠州灣，以九十九年爲租借期限，並獲得在山東境內的採礦權，築路權。光緒二十四年（一八九八）俄國跟着租去旅順，大連，以二十五年爲期，英國租去威海衛，法國租去廣州灣，英國又租去九龍半島，租借期限均是九十九年。此外各國又劃各省爲自己的勢力範圍，英國以長江流域爲勢力範圍，法國以雲貴爲勢力範圍，日本以福建爲勢力範圍。凡是勢力範圍的地方都不准割讓給他國，而劃定的國家在其勢力範圍內一切有優先權。勢力範圍的分割即是瓜分中國的初步，列强爲保證獲得勢力範圍內一切利益，即競爭建造鐵道。鐵道是帝國主義者發展的基幹，藉鐵路的交通，可以伸展勢力，獲鐵道沿綫的利益。俄國在光緒二十二年（一八九六）獲得中東路的建築權，光緒二十三年（一八九七）比利時借助法俄資本獲得平漢路建築權，法俄勢力伸展到長江流域，華俄道勝銀行光緒二十四年（一八九八）獲得正太路的建築權，法國光緒二十一年（一八九五）獲得兩廣雲南各省的採礦權及建築從安南到昆明的滇越鐵路，英國光緒二十四年（一八九八）獲得北寧，京滬，津浦，廣九，浦信鐵道建築權，德國獲得膠濟路及津浦北段的建築權。當時的中國危如壘卵，儼如俎上之肉，任人宰割。各國貪得無厭，激起中國廣大民衆的反抗，這個反抗即是光緒二十六年（一九〇〇）的義和團運動，也是有名的八國聯軍，庚子之亂。不過這回反抗只有勇氣沒有方法，結果落得個失敗。失敗後中國賠償各國四萬五千萬兩軍費，三十九年還淸，合計本息幾達十億萬兩。北平劃定使館區，各國得在北寧路沿綫駐屯軍隊，中國更是不能自振了。八國聯軍之後，引起一九〇四—一九〇五年的爭奪東北三省的日俄戰爭，俄國戰敗，俄國在南滿奪取中國的利益，如鐵路，礦產，旅順，大連皆讓給日本，朝鮮也因此確立日本的獨佔權。日本在東北一帶得勢後，銳意經營一切，各國不肯示弱，以建設鐵路，開掘礦產，展開列強的激烈鬥爭。宣統元年（一九〇九）美國向中，日，英，法，德，俄提出通牒，主張滿洲鐵路中立，由各國共同借給中國款項，使中國贖回東三省的鐵路，在借款未償清前，各國共同行使管理權。日俄兩國不願第三國勢力侵入東北各省，一致反對美國的辦法，英國附和日本，法國附和俄國，德國在東北的利益較小，依違兩可，這樣美國的提議便無形中打消了。日俄兩國反因此成立新約，重行規定日俄在東北各省的勢力範圍，互相承認分割東北三省及蒙古，朝鮮等地。

美國是個新興國家，和中國有太平洋的阻隔，因地理及國內情況，美國在遠東不需要領土及特權，只求得美國人民及美國商業得享受最惠國待遇，因此反對任何國獨佔中國市場。自一八九八年美西戰爭後，美國獲得菲列賓及夏威夷兩地有了保護遠東利益的根據地，對於十九世紀末葉列強急劇侵略中國，認爲妨害美國在華的商業利益，威脅菲列賓羣島的安全，乃於一八九九年提出著名的中國門戶開放的牒文，分致各國，反對劃分勢力範圍的獨佔權利。一九〇七年美國陸軍總長後爲總統之塔虎脫(TAFT)在上海發表演說，聲明美國不僅關心中國商務，美國尙有領土鄰近中國，如果他國不尊重中國門戶開放，志在壟斷中國商務，美國人堅決反對，這是美國遠東政策的具體說明。及至日俄戰後，日俄兩國在中國的滿蒙企圖樹立獨佔的霸權，引起列強的競爭，美國爲打破獨佔保持均勢，提出上述的鐵道中立計劃，未獲實現，乃轉而努力經濟上的發展，希圖輸入中國資本，培殖美國在遠東的地位。

宣統二年（一九一〇）美國藉資清政府改良幣制借款機會，邀請英，法，德，日等國共同組織借款團體，日本爲免去牽扯拒絕參加，英，法，德三國贊成美國提議組成英，美，德，法四國銀行團。日本在四國以外單獨向中國放款，成立一千萬元的鐵道公債。日本是個新興的小國，在在需款，那有餘資借給中國？這一次借款的大部份係由歐洲轉募得來，再借與中國，可見日本的用心所在了。宣統三年（一九一一）四國銀行團也與清政府成立了一千萬磅的借款，以滿洲各種稅收作担保，日俄認為防礙它們的獨佔，大加反對，延遲付款，不久辛亥革命發生，這批借款就停止交付了。此外四國銀行團還經手六百萬磅的粵漢，川漢借款，也因革命發生不能做到。民國成立，北京政府又向四國銀行團舉行六萬元的大借款，作改革行政，振興實業的用途，因係政治性質借款，四國銀行團邀日俄加入，日俄便提出承認滿蒙是日俄的特殊勢力範圍為交換的條件。這樣四國銀行團改成六國銀行團，共同壓榨新興的中國。民國二年（一九一三）美國宣佈退出銀行團，獎勵直接投資，五國銀行團也於民國二年四月二十六日與北京政府成立善後借款二千五百萬磅，利息五厘，以鹽務收入為担保。並在鹽務署內設洋會辦一員監督鹽務行政，審計院中設外債室有華洋室長各一人，稽核外債用途，這宗借款使外人監督了中國財政。這時袁世凱當國，陰謀帝制，故不惜喪權獲得進行掃除異己的內戰軍費。

帝國主義者不僅在中國國內奪取各種特權，並在邊疆上侵略土地。清末以來自中俄簽定伊犂條約以後，俄國卽在外蒙古進行陰謀，鼓動外蒙古獨立。宣統三年（一九一一）俄國逼迫清政府承認外蒙古統治，並規定中國在外蒙若有改革，須得俄國同意，清政府擱置未復。民國元年十日，俄國不顧中國主權，擅與外蒙訂約，約內規定俄國政府扶助蒙古自治，爲蒙古編練新軍，拒絕中國駐兵殖民。後又訂立俄蒙商約，外蒙古簡直成了俄國的屬國。中國政府以妨害中國主權，向俄國提出交涉。這時俄國與日英已商妥劃長春以南的南滿洲和內蒙古的東部爲日本所有，長春以北的北滿洲和蒙古其餘，爲俄國所有，俄國又與英國約定西藏歸俄，蒙古歸俄，所以俄蒙協約公佈後，日英內默無一言，中英關係較密，更不說話，中國外交－孤立，單獨向俄國交涉的力量甚微，往返蹉商二十多次才於民國二年簽定中俄條約五項，俄國承認中國在外蒙古的宗主權，中國承認外蒙古的自治權。中國的宗主權依約中規定微乎其微，這個條約無異送掉了外蒙古。嗣後關於外蒙問題中俄有多次交涉，都是中國喪權，俄國得利，直至歐戰期間，民國六年（一九一七）俄國革命暴發，無暇對外，外蒙古沒有俄國的壓力及煽動，民國八年（一九一九）外蒙古便取消自治，歸服中國。俄國革命後，國勢漸强又向外蒙發展，外蒙也就重新脫離了中國的統治。假使沒有俄國的鼓動和壓迫，外蒙古不會獨立，同時也實在中國沒有統一的政府，沒有適當的民族政策，致使外力乘機侵入，喪失許多領土。俄國對蒙古原因在此，英國對西藏也是如此。

英國對西藏的野心開始於十八世紀，光緒三〇年（一九〇四）英國和班禪締結英藏媾和條約，開放亞東，江孜，噶大克為商埠，英國在西藏的勢力才日趨鞏固。約內規定西藏土地不得讓予他國，西藏的一切事宜不受他國干涉。此約成後中國反主為客，英國在西藏反得了實權，中國為維護主權，竭力反對。反對的結果，光緒三十二年（一五〇六）年北京訂立藏印續約，申明英國不佔據西藏土地，不干涉西藏政治，他國亦然。不過他國之中，中國除外，較之前約雖然挽回中國不少的權利，事實上中國在自己的領土內行使主權還賴與他國立約規定，受到的損失已經不小了。日俄戰後英俄也定約保全西藏領土，承認中國的宗主權，清朝末年達賴十三世受外人鼓動，屢次想借西藏作亂，民國成立，達賴趁中國內亂宣佈獨立，並且侵入西康四川省境，至巴塘裏塘爲川滇的軍隊打敗，逃竄。英政府恐怕中國乘勝派兵入藏向北京政府提出建議，中國政府使停止進兵，與英藏代表議和。民國三年成立草約，英國杜造外藏界限，要求承認其自治，中國不允，交涉擱置。民國六年藏兵又乘四川內亂入侵，經英國調解停戰，民國八年中英交涉重開，迄無結果，至今猶成爲懸案，可是英人對西藏的勢力已日漸鞏固與擴大了。

四、歐戰後的遠東均勢與日寇的獨佔侵略

歐戰開始到現在是中國遭受侵略的又一時期。此時期的主要特徵，是日本進行樹立其獨佔中國的霸權，實現大陸政策的迷夢。日本爲達到此種目的，便乘歐戰機會，各國無暇東顧時，向中國橫施壓迫。歐戰初起，日本一面阻撓中國參戰，一面

破壞中國的中立，在中國境內打敗德國駐的軍隊，强迫中國承認日本繼承德國在山東的一切權利，形成中日間嚴重的山東問題。此外更於民國四年（一九一五）一月十八日向中國提出二十一條的要求，也就是滅亡中國的條款，共分五類，內中規定日本在山東東北一帶的特權，中國要聘請日人作政治顧問，即是中國的警察，也要同日人合辦。假使中國承認日本的要求，無異承認中國是日的領土，這樣兇毒的條件使袁世凱也不敢冒然承認。五月七日日本提出最後通牒，以開戰威嚇袁世凱屈服，五月九日北京政府表示承認，這便是「五七」「五九」兩大國恥的由來。日本又恐怕中國參加大戰，取得將來的發言權，乃阻撓中國宣戰，並與英俄接洽要求承認在中國的特權。此種外交陣營佈置妥善，一變原來態度，慫恿中國參戰。各國爲獲得日本對他們的助力，不惜拿着中國向日本送禮，日後美日間藍辛石井協定，也於這種性質。英美几個大國都與日本事前約定，無怪巴黎和會中，中國提出山東問題，大會依然允許日本繼承德國在山東的權利。中國力爭沒有結果，激起民國八年（

一九一九）五月四日北京學生的打倒軍閥反抗日本的民族運動，拒絕簽字和約。和會中的中國代表團也就服從民意拒絕簽字和約，表示消極抵抗，山東問題成了懸案。日本在大會中雖然得到了勝利，英美各國究不願日本在中國獲得如許的特權，乃有民國十年（一九二一）美國總統哈定召請中，英，法，意，日，比，荷，葡等國在華盛頓開九國會議，討論限制海軍及解决遠東問題。關於山東問題由英美調停得在會議以外解決，會中另定四國海軍協約，限制各國擴張海軍，維持太平洋安全。關於中國的最重要的條約，就是民國十一年（一九二二）簽定的九國間關於中國事件應適用各原則及政策之條約，就是近年維持遠東均勢的九國公約。該約有四項主要原則，即是締約各國除中國外，尊重中國之主權與獨立及領土與行政之完整，給予中國完全無礙之機會發展並維持一有力鞏固政府，維持機會均等之原則，不得營謀特別權利，這四條原則不外維持中國獨立，在機會均等下使各國都能發展。這個條約的訂立，由於英美共同壓迫日本，使日本獨佔中國的打算，變成各國勢力均衡的局面。這個條約維持住各國在華的均勢局面，保持了遠東的和平。均勢局面下的遠東和平維持了十多年，又爲日本侵略中國的九一八砲聲所打破了。民國二十年（一九三一）日本强佔了我們的東北四省野心仍不稍殺，接着又想使冀，魯，晉，察，綏華北五省特殊化，成爲日本的附庸。國民政府在國民黨及蔣委員長領導下，五年以來容忍自重，一方面安內以完成統一，一方面埋頭建設做攘外的準備，民國二十六年（一九三七）七月七日蘆溝橋事件燃起了華北的烽火，這是日寇向中國施行更大侵略的開始，也就是中華民族生死存亡所繫的最後關頭。最後關頭既到，中華民族只有以最大的努力，發動抵抗日本強暴的神聖戰爭。以中國物產之豐富，人口之繁多，進行持久的消耗戰爭，獲得最後勝利當無問題。我們回顧歷史，中國內部統一卽可消除外侮，反之，內部分裂外侮便紛至沓來。近年來的中日事件固由於日本侵略中國的一貫政策，也由於北伐以來十幾年的擾攘不巳的內亂，分散了中央建國的力量，加深了敵人侵襲的危機。同時外侮促進了統一，我們要求永遠鞏固統一局面，唯有統一的力量，始能進行抗戰建國的偉大工作。

第七章　民族戰爭的歷史教訓

前幾章簡單的敍述了中國史上的民族戰爭，從這裏可以看到中華民族滋生發達的困苦艱難，幾度瀕於危亡，幾度臻於復興，在內憂外患紛至沓來的環境中，終能衝破障礙，造成四千年的光榮歷史。中華民族老是老了，也曾表現過了幾次的淒涼晚景；但是中華民族却是老而不衰，老而益壯，好比飽嘗風霜的老翁，而仍是精神矍鑠。

古諺說得好：「前車之覆，後車之鑒」，歷史的事實，件件都是後人的資鑑。古今環境雖然不同，古今事例雖不一致，只要能仔細考究及靈活的運用，都可作為當前行動的參證。中國的史實太繁雜了，中國民族戰史所能給予吾人的教訓也太多了，為篇幅的限制，只能揀出幾件重要的談談。

所謂民族戰爭上的重要的歷史教訓，是限於社會政治經濟方面的，抽象的說，在社會方面要注意內政與外交的關聯以及異族統治的策略，在經濟方面要注意階級利益及經濟設施所給予民族戰爭的影響。根據這種抽象的原則，我們或多或少的敍述社會政治經濟三方面的歷史教訓。

(一)淸談誤國——這是我們一千多年來常用的口頭禪，這句話是從西晉以後才開始用的。原來在西晉的時候，承接東漢末葉和三國時期士人漫評時事人物的風氣，更變本加厲，盛行起來，東漢末年士人雖好月旦評，而尙能砥礪氣節，到了曹魏，何晏子颺之流，却是坐而淸談，放縱僻慾。西晉稽康阮籍的放浪生活，且不問他們的用意何在，而擺在人們面前的及影響於社會生活的，却是浪漫縱慾，心神頹喪。這些人究竟沒負實際行政責任，在政治上還沒留下很大的壞影響。及至淸談誤國的鼻祖王衍，不僅把社會生活弄糟，把國家政治也弄糟，更把民族弄亡。王衍這人，是世族出身，性好談玄虛，不務實際。史書上說他是「口中雌黃」，也就是現在所說的「信口雌黃」「胡說八道」。王衍身爲當朝宰相，一嘘一動，自然會影響於社會，一些謀官好名的人物，莫不景慕仿效他這種浪漫行動。於是，矜高浮誕的風氣，遂稱漫一時。這時五胡蠻族都住在塞內，時時蠢動，郭欽江統的偉言高論，終竟打不動士大夫的心弦，外侮日急，而清談如故。及至胡馬攻陷了首都洛陽，清談的士大夫終不免作刀下之鬼。王衍臨死時也覺後悔了，他說：「吾曹雖不如古人，向若不祖尙浮虛，戮力以匡天下，猶可不至今日。」臨死才有了這種覺悟，無奈悔之晚矣！

清談誤國的例子，除去西晉以外，再要敍述下南宋的情形。南宋雖然不是因清談不及國事而誤國，却是因談論不決而誤國，清談的方式不同，而誤國則一。

描寫南宋朝廷的情形，有句流行的話，說是「議論不定，而金兵渡江。」這句話表現着南宋政府的議論橫生，爭論誤事。汴京傾覆以後，首都南遷，這時文大武臣爭論「戰」「和」「避」「守」四個問題。在靖康之間，主戰的有李綱，主和的有吳敏，主避的有唐恪，主守的有何㮚。在南宋建炎紹興間，主戰的有李綱張浚，主和的有汪伯彥，黄潛善與秦檜，主避的有呂元直，朱勝非，主守的有趙鼎。朝議的紛紜，影響到軍事的進展與內政的改進，他們的槍頭筆頭都只管向內，忘却了對外。在這種矛盾中，幾個能幹的將才被殺掉了，光復國土的氣概被消滅了；一般迴避現實的士大夫。侈談性理之學，把治國安民的道理，解釋到太虛幻境裏去，他們的生活是「酣歌深宮，嘯傲湖山。」南宋也在這種清談聲中滅亡了。

（二）黨爭誤國——內部的任何鬥爭，對外來敵人都是有利的。春秋時候的晉國，太子申生被殺，重耳夷吾被逐，才引起秦國屢次干涉晉國的內政。三國以至西晉的內亂，才引起嚴重的外侮。內爭之亡國，歷史上常有慘痛的先例，實在是述不勝述。所謂黨爭，包括思想上的鬥爭和黨派間的鬥爭，在中國史上最明顯的先例，要算兩宋與明朝的黨爭。北宋的黨爭開始於仁宗時，因爲廢后之事，呂夷簡與范仲淹韓琦等起了爭議。英宗即位，因爲英宗的父親濮王的尊謚問題，又引起歐陽修與司馬光的爭論。這些本來都是皇室的私事，與時政沒什關係，大臣的意氣相爭，對朝事雖無大損，而對西夏的用兵，多少有些壞影響。因爲他們的相爭，對西夏戰爭的軍儲準備以及將帥都沒有適當的配置。

北宋劇烈的黨爭，要算變法黨人與元祐黨人之爭。變法黨人是王安石呂惠卿曾布蔡京等領導的厲行新政的人物。元祐黨人是司馬光程頤呂公著等所領導的反對新政的人物。原來北宋從眞宗以後，政治趨于因循敷衍，到英宗時候更是積重難返，一些有志之士都想對政治有所改革，王安石算其中最澈底的一個。他的改革，重要的有青苗，保甲，保馬，市易，免役，方田等法。因爲厲行這些新法，朝臣中分裂爲贊成與反對的兩派。贊成派是以王安石爲領袖，反對派是以司馬光爲領袖。反對中還有洛蜀朔黨之分，贊成派中也有呂曾的傾軋。神宗一朝，大體是遵行新法的。神宗死後，哲宗元祐年間，太皇太后執政，用司馬光爲相，除新法，用舊制。及至紹聖年間，哲宗親政，又除舊制，用新法。嗣後都是變法黨執政，對元祐黨人唯恐防範不密，製定元祐黨人碑，禁止黨人的子孫入京爲官。蔡京爲相，便藉新法，洩私憤，排異已，黨派之爭較前更爲卑鄙。而這時正是契丹雄據北方的時候，朝內大臣忙于政爭。無限問及邊疆大事。神宗不會割地于契丹，而王安石還拿「欲取之，姑與之」的老調糖塞責任。我們姑不問新法或舊法在宋朝政制史中的功罪如何，因黨爭而不顧外患，不能不說是新舊兩黨共負的大罪。哲宗以後，情形更轉壞了，法旣不良，人亦不臧，蔡京童貫之徒的昏庸腐敗，對北方大敵契丹女眞不能設法應付，遂引致靖康之禍，徽欽北狩，開古今未有的民族大恥。

南宋的黨爭，還是北宋的餘波。伊洛道學派的發展，培植了反對新法派的實力。徽欽時期的史官陳瓘在南宋有不小的影響，南宋開國之後，新法派在國家傾覆受盡國人唾駡之時，新法的反對派遂得乘機再起。不過，我們要記取一點：就是南宋的新舊兩黨的人物，不像北宋那樣的切實偉大。南宋所謂擁護新法或贊成舊制（這時叫做道學）的人物，不過冒名假藉，以遂其私。主持新法的人物如秦檜韓侂胄，扶持道學的人物如趙汝愚史彌遠賈似道，都不是對新法舊制具有信仰，不過藉之以傾軋異已而已，南宋也就在這種黨爭中滅亡了。

明朝的黨爭，是東林黨對王陽明理學派的鬥爭。王陽明良知良能之說，激流演變慢慢接近了禪學，陽明學派的人士亦多趨于放誕不經，東林黨人顧憲成高攀龍認爲這是逸出了儒學的範圍，不合乎孔子的精神，他們是一意守先儒之說，拘拘爲尋行數墨，而不敢談玄說妙；自陷於不知之妄作。」他們攻擊陽明學派的放縱自恣，而在國家民族危亡的時候，高唱氣節，對庸儒「明哲保身」的謬解予以嚴重駁擊，痛罵那些沒有忠國觀念的士大夫們。可惜的很，他們的筆頭還沒對外，還是斤斤于皇室的瑣事的爭論，如擊駁張居正的奪情，從事于挺擊移宮紅丸三大案的爭論。使魏忠賢得以藉勢操縱，敗黜有志之士。終於引起社會政治的矛盾，國內流寇蜂起，以致滿族侵入，國家滅亡。

(三)安插流民的先例——中國史上的每次民族戰爭，都是有大批人民背井離鄉躲避敵人的兇鋒。五胡亂華的時候，中原士女渡江者十七八。南宋之時，中原人士也是大批的渡江南來。這次對日抗戰，戰區的人民又大批的轉到內地，這樣衆多的難民，處置得當，可以裨益長期抗戰，處置不得當，也就要損壞抗戰的前途。我們考察民族戰史上的流民問題，發現兩件最該注意的事。一件是流民安置之地域的分配。如果地域分配平均，流民的生活既易維持，當地民衆對難民的負担也較輕鬆。如果地域分配不勻稱，流民的生活將不易維持，當地的民衆也必定將担負不起，引起流民與民衆的騷動，給社會秩序一大紊亂。例如金朝末年，北邊受着蒙古族的侵襲，首都由燕京移至汴京，軍隊和人民也都麕集在河南一帶，河南一帶的居民因負担不起，流民與軍隊的生活不易維持，于是引起騷動，全國的國運也因之消滅了。第二件要注意土客的相爭。外來人和土居人因爲社會習慣的不同，很容易引起糾紛，外來人的工作報酬又往往降得比土居人爲低，因爲勞動的競爭，又每每引起土客的糾紛。在西晉末年，人民大流徙中，土客相爭的例子甚多，因爲土客的相爭，引起所謂「流民暴動」。例如河南一帶有王如等的暴動，湖北有杜弢的暴動，四川有李特的暴動。四川李氏所領導的流民暴動若是可以建立流民政權，這時是主客的互相妒嫉，互相殘殺，給侵略的異族以絕好的機會。我們考察流民問題，除去消極的注意防止兩種情形的發生以外，還要注意當時政府對流民的積極處置辦法。所謂積極的處置辦法就是利用流民開闢荒萊。東漢以降，吾國南方的漸次開發，大都是藉助于北方的流民。魏晉以前，北方人民是自然的漸漸移住南方。西漢時，漢人趙佗在府東播下了漢族文化的種子。三國時，中原農民暴動的蜂起，人民遷徙南方，更予南方以開發的動力。東吳的平定山越，開發兩廣，西蜀的平定蠻洞，開發黔桂，都是藉助北人之力。東晉南宋政府更是藉助北方流民開發了南方草萊之地。這兩朝北人遷徙到南方的最多，開發的成績也最大。在這兩朝的民族戰爭中，皇帝雖不免青衣行酒之辱，而流民的南遷，究竟給中華民族勢力擴張一個大的動力。

(四)義勇民軍的教訓——在國家民族危急的時候，民衆或由政府召集，或由自己發動，組織義勇軍，救護國家或保衛鄉里。這種民衆義軍，如果處理得當，那對民族抗戰自然是大的助力，尤其是在古代武器不專門化的時候；如果不得當，又往往爲敵人利用，適得相反的結果。我們考察民族戰史中的義勇軍的先例，應該注意兩點。第一是義軍的集合方法。義軍集合的動機，不外乎下列三種：(一)免稅的要求。這種方法來號召義軍，最明顯的只有北宋末年的一次，靖康之變，女眞由東北打過了黃河，陷落了首都汴梁，這時政府下令招集軍義，頒佈一種法令，如果人民組織巡社，一律免除兩稅和丁身錢，一時河北山東各地，集合的民衆不下三四萬人。(二)官位的要求。唐代安史之亂，政府發了大批的告身，召號民軍。在當時的告身，一方面是官位的憑據，一方面也是免稅的憑據。在北宋末年，少數有官位要求的人，也號召義軍。當時有句話很流行，就是「要做官，殺人放火受招安。」張浚的軍隊，岳飛的軍隊，大都分是受招安的民衆。(三)避難和保鄉的要求。這可以說是義軍起事最普遍最強烈的動機。在中國史上，每有一次動亂，必有大量民軍起來。如爲內亂，則民軍可分爲打家刼舍的貧民軍與保家保鄉的豪家軍。如爲外患，民衆的聚衆自保多沒有階級的差別，或爲全民的勢力。晉代永嘉之亂，中原到處都是自衛的塢壁。北宋靖康之亂，太行山五馬山及河北山東各地的義軍，到處結成山水忠義寨。

我們第二應該注意的是義軍發展的危機。這種危機是階級利益超過民族利益的結果。民族與階級的利益有時是趨于一致的，有時是互有輕重的。如果把民族利益放在階級利益的上頭，全民族的對外戰爭自可順利進行，假若把階級利益作爲第一，民族的對外戰爭也只有分裂。這裏有兩個史例；第一個實例是在金朝末年。那時候，山東江蘇一帶有一種民軍叫做紅襖，此外還有一種叫做紅帽，一種叫做花帽。這些民軍也可以說是這時的農民暴動軍，一方面是幫助宋朝抵抗異族的侵略，一方面又不免作打家刼舍的勾當，一時受他們搔擾的地帶，豪家大族自動組織軍隊來對抗他們。打家刼舍的農民軍是站在宋朝方面的，所以自衛的豪族軍都投了蒙古。第二個實例是明末。那時候，李闖從陝西起事，打遍了黃河流域，當時的人很希望他們能共同抗滿，不要自相殘殺。不料他們顧不到民族存亡，專門殘殺自己的同胞，打倒自己的政府，那些軍將和社會上恐懼他們的人物，紛紛投了滿人。

在這裏提出四件明顯的歷史教訓。第一件清談誤國，是社會生活的泄沓，以致民族意識消失，花天酒地裏顧不得國家民族的存亡。第二件黨爭誤國，是政見的紛歧。以致政府行政不能統一，褊狹的意氣之爭顧不得國家民族的危亡。第三件流民安插的先例，安插得當則國家增加戰鬥的實力，不得當則反成擾亂秩序的因子，各地民衆的不和協中又顧不得國家民族的危亡。第四件義勇軍的教訓，是階級利益超過了民族利益，對內革命中又顧不得國家民族的危亡。無論是社會生活的頹廢，政見黨見的紛歧，以及各階層民衆的衝突，對民族戰爭都是不利的。吾國四千年的歷史，曾留下豐富的先例，我們的祖宗，以血淚造成民族鬥爭的史實，來作這次神聖抗戰的殷鑑。這次對日抗戰，非比過去對付女眞蒙古的簡單，一戰而勝，國家民族獨立自主，一戰而不勝，國家民族將陷于萬刼不復之地。我們中華民國國民瞻往思來，不能不針對民族戰史上的失敗的弱點，予以確切的校正。在這一次偉大的民族戰爭中，我們要求民族精神的振刷，我們要求統一，我們要求國族利益高于一切。飽有歷史教訓的中華同胞，應該把握自己的歷史使命，努力邁進。

敬啟

『民國專題史』叢書，乃民國時期出版的著名學者、專家在某一專題領域的學術成果。所收圖書絕大部分著作權已進入公有領域，但仍有極少圖書著作權還在保護期內，需按相關要求支付著作權人或繼承人報酬。因未能全部聯系到相關著作權人，請見到此説明者及時與河南人民出版社聯系。

聯系人　楊光
聯系電話　0371-65788063
2016年3月28日